DISCOURS

PRONONCÉ

DANS LA SÉANCE DU 16 DÉCEMBRE 1861

PAR M. LE MARQUIS DE BELBEUF

SÉNATEUR
DIRECTEUR DE LA SOCIÉTÉ DES ANTIQUAIRES DE NORMANDIE

CAEN
CHEZ A. HARDEL, IMPRIMEUR-LIBRAIRE
Rue Froide, 2

1862

Extrait du 1er. volume du Bulletin de la Société des Antiquaires de Normandie.

« Messieurs,

« La Société des Antiquaires de Normandie poursuit avec un zèle infatigable les grands travaux archéologiques et les patientes recherches qui sont le but même de son institution. Vous avez accepté la mission de faire revivre, grâce à l'étude de nos vieilles chartes, les temps qui ne sont plus et de ressusciter, pour ainsi dire, les hommes d'un autre âge, en nous racontant leurs mœurs, leurs passions ou leurs vertus; puis vous marquez la place de leurs tombeaux. Vous vous plaisez, ainsi que vous l'avez fait maintes fois dans les champs célèbres de Mortemer, d'Ivry, d'Arques ou de Formigny, comme dernièrement l'Empereur lui-même sur les sommets d'Alesia, vous vous plaisez à retrouver la trace et à reconstituer le théâtre des grandes luttes historiques ; enfin vous essayez de rendre à la lumière, avant que les ruines elles-mêmes aient péri, selon la belle expression de Lucain (1), les vestiges de tant de monuments enfouis depuis des siècles et qui, sans vos labo-

(1) Lucain, *Pharsalia*, IX, 969.

rieuses investigations, seraient restés à jamais ignorés. Dans cette noble tâche, si bien remplie par vous, Messieurs, on vous voit tous les jours faire de précieuses découvertes, ajoutant ainsi chaque année une nouvelle assise à cet édifice, composé des débris de tant d'autres, que notre époque veut léguer aux générations à venir.

« Et moi aussi, Messieurs, je voudrais pouvoir apporter mon modeste contingent à l'œuvre commune. Admis depuis quelques années seulement dans la Société des Antiquaires de Normandie, l'honneur que vous avez bien voulu me faire, en me choisissant cette année pour directeur d'une aussi savante Compagnie, m'a surpris et m'a flatté en même temps au plus haut degré. Mais, vous l'avouerai-je ? il me semble bien difficile, pour ne pas dire impossible, de vous intéresser, ou tout au moins de trouver un sujet qui ne soit pas indigne de cette solennité, après les remarquables paroles qui ont été prononcées dans cette enceinte par mes illustres prédécesseurs. Tous se sont félicités dans les plus nobles termes des progrès de la science archéologique, dus en grande partie à l'initiative de notre Société. Nous les avons entendus louer avec raison ses nombreux travaux, le zèle et l'érudition de nos collègues; nous les avons vus applaudir aux succès qui sont venus couronner vos efforts. Vous avez successivement écouté avec une religieuse attention un docte magistrat (1), dont la perte récente, si vivement sentie, vous a affligés tous; un de mes honorables collègues au Sénat (2), qui, dans un éloquent discours encore présent à votre mémoire, vous retraçait les règles éternelles du vrai et du beau, et rap-

(1) M. le président Pezet.
(2) M. Mérimée, membre de l'Institut.

pelait avec tant de goût les saines doctrines de l'art à la génération qui s'élève ; plus tard, vous avez distingué la savante dissertation de l'éminent conseiller d'État (1), auquel la Société des Antiquaires de Normandie doit le service immense, qu'elle n'oubliera jamais, d'avoir contribué pour une large part à la faire reconnaître par le Gouvernement comme établissement d'utilité publique. Enfin, il y a peu d'années, le vénérable évêque de ce diocèse vous captivait par le charme de sa parole ; et récemment encore notre métropolitain, primat de cette province, en cimentant, dans un magnifique langage, l'alliance de l'archéologie et de la religion, vous prouvait que les traditions du grand siècle sont encore vivantes au fond du sanctuaire. Comme vous le voyez, Messieurs, une pareille succession est lourde à recueillir.

« L'antique Normandie a vu bien des événements depuis la domination romaine jusqu'à nos jours. A cette époque, le culte druidique se retire au fond des forêts, où il était né et devait mourir ; les dieux de Rome prennent possession du pays des Véliocasses et des Calètes, des Bajocasses ou des Lexoviens, et la seconde Lyonnaise, à l'exemple des autres provinces de l'Empire, se couvre de temples, de villas splendides, dont aujourd'hui encore les restes mutilés apparaissent à chaque pas sous la charrue du laboureur. Trois siècles s'écoulent et survient l'invasion des barbares, confondant dans un même anathème les dieux des vaincus et les dieux des vainqueurs. Bientôt les hordes d'Attila font de la Gaule un désert : les plus beaux monuments disparaissent et le *Fléau de Dieu*, comme le disait notre vieux Corneille dans cette tragédie, si calomniée sur la foi de Boileau,

---

(1) M. Boudatignier.

mais qui pourtant renferme des beautés de premier ordre,

« D'un déluge de sang couvre toute la terre » (1).

Cependant, au milieu des ténèbres de l'idolâtrie et de la confusion universelle, le christianisme a fait son apparition dans nos contrées ; il arrive d'Orient, comme l'astre lumineux qui avait guidé les Rois-Mages jusqu'à l'humble crèche de Bethléem ; il s'étend, il se propage avec les émissaires sublimes que Rome nous envoie, et nos premiers apôtres, la croix à la main, prêchent partout la doctrine qui devait transformer l'ancien monde.

« Alors, Messieurs, la vieille Neustrie qui, en partie du moins, devait plus tard devenir notre chère Normandie, la vieille Neustrie, à la voix des Nicaise, des Exupère ou des Mellon, embrasse la foi chrétienne et, sur les ruines des autels renversés, s'élèvent des sanctuaires consacrés au vrai Dieu. Les illustres pontifes, successeurs des premiers apôtres des Gaules, après avoir assuré le triomphe définitif du christianisme, construisent de nouveaux temples, plus spacieux et mieux appropriés à leur pieuse destination ; puis le grand mouvement religieux du XIe. siècle, l'établissement des ordres monastiques et l'épanouissement des croyances, à l'époque des Croisades, font sortir de terre, comme par enchantement, ces merveilleux édifices de l'architecture romane ou gothique, dont la splendeur méritera l'admiration de la postérité. La Normandie en compte encore un grand nombre, survivant par une sorte de miracle à tant d'événements funestes et de révolutions. En même temps, la foi de nos pères, si vive au moyen-

---

(1) *Attila*, acte V, scène 3.

âge, se plaît à élever, dans nos campagnes, une foule d'autres petits oratoires ; humbles et modestes, ils semblent vouloir signaler, par un contraste nettement accusé, l'éclat de ces grands monuments. Beaucoup sont encore debout; chaque jour la piété des fidèles s'empresse de les orner et ne cesse de les fréquenter.

« Moins heureusement inspiré que mes éminents devanciers, je viens aujourd'hui, Messieurs, après vous avoir adressé l'expression de ma profonde gratitude, vous entretenir un instant d'une ancienne chapelle, située sur les bords de la Seine, à peu de distance de notre vieille capitale normande. Ce modeste sanctuaire, dédié à saint Adrien, est connu de plusieurs d'entre vous. Malgré l'affaiblissement si regrettable des croyances religieuses, c'est un lieu de pèlerinage célèbre encore dans nos campagnes et, à certains jours, on peut y rencontrer un grand concours de fidèles, accourus des localités voisines, ou même des processions arrivant avec leur curé, croix et bannière en tête, de communes assez éloignées. Abandonnée pendant de longues années, la chapelle de saint Adrien tombait en ruines ; une restauration récemment entreprise va lui rendre, nous l'espérons, avec son éclat primitif, le rang que lui assurait sa respectable origine et qu'elle n'aurait jamais dû perdre.

« Les annales de l'histoire ecclésiastique ne nous fournissent pas de renseignements bien certains sur le patron de notre chapelle : il se mêle quelques récits légendaires à la relation de son martyre. Nous savons seulement, comme un fait incontestable, qu'il servait avec distinction dans les armées de l'empereur Maximien Galère. Avait-il atteint le grade élevé de *præfectus legionibus*, c'est-à-dire de commandant de légion, ou bien était-il resté à la tête d'une simple cohorte ? L'illustre Baronius et l'historien moderne de la vie des Pères sont muets à cet égard. Toutefois, s'il faut en croire l'auteur anonyme d'un ancien manuscrit grec retrouvé, traduit et publié par les Bollandistes dans leur savante compilation (1), Adrien aurait été revêtu d'une plus haute dignité, celle de l'un des généraux de l'armée, *unus ex ductoribus agminis* (2), et même aurait été compté parmi les familiers de l'Empereur. Toujours est-il que, persécuteur acharné des chrétiens, le lieutenant ou, si l'on veut, le confident et l'ami de Galère fut si touché de leur courage et de leur résignation qu'il embrassa luimême leur doctrine et demanda à mourir avec eux (3). Ayant été arrêté à son tour, il souffrit les plus cruelles tortures et subit le martyre à Nicomédie, vers l'an 306, dans la dernière persécution générale (4). Saint Adrien est nommé sous le 4 mars dans le Martyrologe romain et aussi sous le 8 septembre, jour de la translation de ses reliques. Une église fort ancienne est placée sous son vocable dans la ville éternelle (5).

« Quoi qu'il en soit, Messieurs, de la vie et de la mort de notre saint martyr, hâtons-nous de revenir au petit

---

(1) Acta, auctore anonymo, ex codice ms. olim Colbertino, nunc Bibliothecæ regiæ parisiensis, 1453, interprete J. Stiltingo (*Acta Sanctorum*, september, t. III, p. 218).

(2) *Acta Sanctorum*, september, t. III, p. 220.

(3) Vidit quosdam cruciatos pro nomine illius qui dicitur Christus, et quod nollent sacrificare : et coactus a nemine, hortatus est scribas ut nomen suum cum viris istis conjungerent, dicens : « Quia libenter cum illis morior » (Ibid.).

(4) Præclarum edidit specimen fidei confessionis Hadrianus una cum aliis viginti tribus, qui omnes post alia tormenta crurifragio interempti sunt (Baronius, *Annalium ecclesiasticorum*, t. III, p. 59, D).

(5) Godescart, *Vie des Pères*, t. XIII, p. 154.

oratoire qui porte son nom. Avant l'établissement de ces voies de communication, merveilles de notre époque qui, en abrégeant les distances, ont eu par contre le résultat fâcheux, mais inévitable, d'enlever à nos anciennes routes le mouvement et la vie, le voyageur se rendant de Paris à Rouen, sur le point d'arriver au terme de sa course, pouvait apercevoir au-dessus de sa tête de grandioses falaises, formées de bancs superposés de craie blanche. Ces roches rappellent les falaises de la mer, et, en effet, elles ne le cèdent pas en hardiesse à celles que l'on admire près de Fécamp et d'Étretat. De formes moins tourmentées et moins bizarres, moins variées dans leurs aspects, les roches de St.-Adrien sont pourtant presque aussi remarquables, parce qu'elles ont le mérite, en compensation des avantages qui leur manquent, d'être entourées, avec plus d'ensemble et de régularité que les premières, et comme zébrées, du haut en bas de leurs sommets, de ceintures horizontales de silex, étroites et sinueuses, placées à une distance égale les unes des autres. Aux premiers beaux jours du printemps, les cônes onduleux qui entrecoupent et séparent les différentes cimes se revêtent d'une luxuriante parure de gazon ; les anémones violettes ne tardent pas à étendre leur tapis velouté sur cette verte surface, tandis que la *pensée* de Rouen accroche ses bouquets aux flancs de la montagne. Vers le commencement de l'automne, un nuage odoriférant monte au ciel comme l'encens le plus pur ; tant les plantes aromatiques écloses sur nos pics escarpés ont de force et de saveur (1) ! C'est là, Messieurs, au sein même de ces falaises, enfantées par je ne sais quel caprice de la nature, que la

---

(1) L'anis, la marjolaine, le réséda, le baume, etc., etc......

chapelle dont nous parlons, creusée en grande partie à l'aide du ciseau dans les plus durs rochers, attachée comme un nid d'aigle aux parois de l'un d'eux, vient élever au-dessus d'un simple toit de chaume (1) son élégant campanile, dont la teinte azurée forme un agréable contraste avec la blancheur des bancs crayeux qui l'environnent. Rien de plus pittoresque que ce petit monument, quand, assis dans une des îles verdoyantes de la Seine, ou placé sur le rivage opposé, on promène ses regards sur la chaîne de collines qui bordent de ce côté le cours du grand fleuve.

« On se demande à quelle époque peut remonter la fondation de ce sanctuaire. Il ne m'a pas été possible, et je le regrette vivement, après de longues recherches, de pénétrer ce mystère.

« La chapelle de St.-Adrien aurait-elle remplacé, dans les premiers âges de la prédication apostolique, les autels du paganisme ? Personne n'ignore que les habitants de la Gaule chevelue attachèrent toujours aux rochers escarpés des idées superstitieuses ; ces lieux extraordinaires frappaient leur imagination. Aussi, Messieurs, n'est-il pas étonnant que les prêtres d'Hésus et de Teutatès aient établi non loin de là un autel pour leurs sanglants sacrifices, ainsi que l'atteste une pierre druidique retrouvée il y a quelques années près de la source d'un ruisseau voisin, et aujourd'hui placée sous des chênes séculaires, où elle n'a plus à redouter les atteintes du vandalisme ou de l'ignorance. Par la même raison, les falaises de St.-Adrien ont conservé les noms

---

(1) La couverture en chaume est une condition essentielle de la conservation de l'édifice : toute autre toiture serait brisée chaque hiver par les avalanches de pierres, détachées dans les dégels. Le chaume résiste et amortit la chute par son élasticité.

de *Chaire des Géants*, de *Fauteuil de Gargantua ;* la configuration de leurs cimes justifie ces dénominations originales (1). Des traditions populaires ont encore cours dans les campagnes environnantes ; et, si l'on pouvait y ajouter foi, ces roches auraient été consacrées à Esculape, en l'honneur sans doute des plantes médicinales que l'on trouve en abondance sur la colline. Saint Ouen, suivant l'usage constamment observé par les premiers pasteurs, après avoir renversé l'idole et son autel, aurait consacré le temple au culte du vrai Dieu.

« Mais il n'est guère possible, Messieurs, à défaut de documents écrits, d'assigner à notre chapelle une origine aussi reculée. Les hommes les plus compétents en cette matière sont même enclins à penser qu'elle n'est pas antérieure à la seconde moitié du XIVe. siècle. La terrible maladie qui, sous le nom de peste noire, ravagea l'Europe entière à cette époque, et dont la conséquence fut de ranimer, pour un temps du moins, la foi des peuples, pourrait bien avoir été l'occasion de son établissement. Comme on ne savait plus à quel saint se vouer, c'est le cas de le dire, on éleva des chapelles dans des lieux solitaires, où des ermites vinrent se fixer ; saint Adrien, saint Sébastien, saint Roch et saint Antoine y furent particulièrement honorés. Tandis que la crainte de cette affreuse maladie redoublait la ferveur des affiliés à la secte bizarre des Flagellants, les âmes pieuses, pour conjurer la colère céleste, comblaient de bienfaits les nouveaux hôtes du désert. Mais, veuillez le remarquer, Messieurs, il existait dans le pays, et depuis long-temps déjà, d'autres ermitages, probablement plus anciens que celui de saint Adrien. On lit, en effet,

(1) Guilmeth, *Histoire de la ville et des environs d'Elbeuf*, 2e. édit., p. 23.

dans un testament de Jean dit Hardy (1), de St.-Martin-du-Bout-du-Pont-de-Rouen, en date de janvier 1304, que ce bon bourgeois fait un don en faveur des ermites de Répainville et d'Orival :

« Item. Heremit. de Respevilla, V sols.

« Item. Heremit. de Aurivalle, III sols. »

« Comme vous vous le rappelez sans doute, Messieurs, la peste noire éclata en 1348; or, nous vous le demandons, si la chapelle de St.-Adrien avait été fondée antérieurement à l'apparition de ce fléau, le choléra du moyen-âge; s'il y avait eu déjà à cette époque un ermite dans notre rocher, ce bienfaiteur l'aurait-il oublié, alors qu'il accordait un souvenir à des solitaires plus éloignés de sa demeure ? L'opinion contraire ne pourrait être admise que pour un seul cas, celui où le bénéfice aurait été vacant au moment de la mort du testateur. Quoi qu'il en soit, Messieurs, et ceci n'est pas une hypothèse, on voit encore à côté de la chapelle, creusées dans la même falaise, à une assez grande hauteur, trois cellules d'un accès difficile ; on croit escalader le ciel, quand on cherche à les visiter. Les ermites y avaient établi leur résidence d'été; c'était, passez-moi le mot, leur maison de campagne. Pendant l'hiver, ils se retiraient dans une autre grotte plus accessible, beaucoup plus vaste, mais moins exposée au grand air, taillée aussi de main d'homme dans le même rocher et entourée d'un solide banc de pierre, retraite assurée contre la rigueur des frimas. En l'année 1309, les ermites de St.-Augustin vinrent se fixer à Rouen, en vertu d'une charte de Philippe-le-Bel, transcrite par Farin dans son histoire de cette ville. Tout porte à croire que les ermites qui plus

---

(1) Archives du département de la Seine-Inférieure.

tard se succédèrent dans les cavités isolées de St.-Adrien faisaient partie du même ordre, et la conjecture trouve sa confirmation dans ce fait qu'une confrérie, érigée en l'église des Augustins de Rouen, possédait en 1651, dans notre chapelle, un banc dont il sera nécessaire de vous dire un mot par la suite.

« Comme vous le voyez, Messieurs, les origines de ce modeste oratoire sont fort incertaines, et il n'y a guère d'espoir d'arracher jamais à nos chroniques locales leur dernier mot à cet égard.

« Le premier document qui paraisse se rattacher, d'une manière plus ou moins directe, au sujet qui nous occupe se trouve, à la date du 12 mars 1398, dans les archives du notariat de Rouen : c'est la mention d'une vente faite par « Raoul Tiesse, de Darnetal, à tousjours, « à noble homme messire Jehan de Poissy, chevalier, « seigneur de Goui (il était grand-panetier de Norman- « die), tel droit et action, comme en un pointel à l'*antre* « *le Roy*, en la paroysse du Becquet, des deux costés, « et d'un bout à l'eau de Seine, pour VII livres tour- « nois. » Que devons-nous entendre par cette expression l'*antre le Roy*? Serait-ce la gorge étroite, couverte de bois, semblable à une profonde caverne, à l'extrémité de laquelle était située la paroisse du Becquet ? Ne serait-ce pas plutôt la chapelle de St.-Adrien? Ou, si cette chapelle n'existait pas encore à cette époque, la grotte où elle fut placée depuis ne peut-elle pas justifier cette dénomination assez extraordinaire ? C'est à vous, Messieurs, qu'il appartient de décider la question. Je dois cependant vous faire remarquer, pour vous aider dans vos recherches, que la chapelle de St.-Adrien regarde la Seine. Or, cette rivière, depuis le Becquet jusqu'à la Bouille, est nommée dans des actes très-anciens l'*Eau le Roy* (1), parce que le roi y avait conservé tous les droits inhérents à la souveraineté, tandis que sur un grand nombre de fleuves, et même dans d'autres parties de notre rivière, des seigneurs séculiers ou ecclésiastiques, profitant de la faiblesse du pouvoir royal, avaient usurpé de nombreux priviléges ou obtenu des concessions plus ou moins étendues. La qualification d'*antre le Roy* pourrait bien résulter de cette circonstance et s'appliquerait à merveille aux excavations situées en face du fleuve.

« Quant au village de St.-Crespin-du-Becquet, il tirait son nom du petit *Bec* ou ruisseau qui, après avoir parcouru le vallon, tombe dans la Seine en cet endroit. Avant 1789, la cure de cette paroisse en miniature était à la nomination de l'archevêque de Rouen ; mais, au commencement du siècle, ce village a été réuni à la commune de Belbeuf, pour le spirituel comme pour le temporel. Les souvenirs des hommes s'effacent si vite que, dans peu d'années, ce hameau ne sera plus connu que sous le nom de St.-Adrien, et peut-être se demandera-t-on plus tard où était située la paroisse du Becquet. La généreuse hospitalité que vous aimez à donner dans les *Annales* de la Compagnie aux paroles de votre directeur, pourra contribuer un jour à lever bien des doutes à cet égard.

« Plus d'un siècle s'écoule, et nous arrivons à l'année 1522. A cette époque, Messieurs, l'*ermite du Becquet*, et c'est bien de celui de St.-Adrien qu'il est question, avait été taxé à la somme de *quatre livres tournois* pour payer la rançon de François Ier. Dans un document intitulé : *Compte de la perception, en* 1528, *du restant des taxes*

---

(1) *De la Vicomté de l'Eau de Rouen*, par M. Ch. de Beaurepaire, p. 148.

accordées par le clergé de Normandie aux années 1522 *et* 1528, on lit (1) : « Pour la somme de quatre livres tour-
« nois dont est faicte recepte cy-dessus sur l'ermite du
« Becquet, au doyenné de Périers, lequel n'a rien payé,
« pour les causes que dessus, reprins IV livres tour-
« nois. » Ainsi, il est établi que, vers le commencement du XVIe. siècle, on ne comptait à St.-Adrien ou au Becquet qu'un seul ermite (2). *Les causes que dessus*, on ne les devine que trop : ce bon solitaire était si pauvre, qu'il n'avait pu payer les quatre livres tournois exigées de lui pour la rançon du roi !

« La chapelle de St.-Adrien n'était donc, dans l'origine, qu'un simple ermitage ; et, comme vous venez de le voir, loin d'être avantageux pour son titulaire, ce bénéfice lui procurait à peine de quoi vivre. Moins de trente ans après, nous trouvons l'ermitage transformé en prieuré. La preuve de ce changement résulte de la vente faite, le 25 juillet 1559, par Guillaume de Helleinvilliers, chevalier, seigneur du Mesnil-Jourdain, grand-panetier de Normandie, et par damoiselle Loïse de Poissy, son épouse, dame de Goui, de Belbeuf, etc., à noble homme Nicolas Puchot, de la terre et seigneurie de Belbeuf, dont la chapelle de St.-Adrien formait une dépendance. On lit, en effet, dans l'acte passé devant les tabellions de Rouen : « Plus il a droict de présenter
« au bénéfice dudict lieu de Belbeuf, quand le cas y
« eschet, mesme de présenter au prieuré ou ermitage

---

(1) Nous devons ce document à l'obligeance de M. Ch. de Beaurepaire, archiviste du département de la Seine-Inférieure, et nous l'en remercions.

(2) Les maisons de St.-Adrien sont modernes ; le hameau seul de St.-Crespin-du-Becquet existait anciennement. Quoiqu'il fût bien petit, il portait le nom de ville en l'an 1000.

« de Sainct-Adrian, près le Becquet. » C'est pour la première fois que l'on parle d'un prieuré en ce lieu. Par qui et comment aurait-il été fondé ? La réponse à cette question est facile : ce ne peut être que par le seigneur de Belbeuf, puisque celui-ci reste collateur du bénéfice. Or, Messieurs, sous le règne de François Ier. et plus tard sous Henri II, la seigneurie de Belbeuf appartenait à messire Thomas de Poissy, noble et saint personnage, qui a laissé dans le pays de nombreuses traces de ses bienfaits. Issu d'une illustre maison, dont l'origine remontait aux temps les plus reculés, Thomas de Poissy, méprisant les grandeurs, voulut vivre et mourir simple curé de village, lui qui aurait pu aspirer aux plus hautes dignités de l'ordre ecclésiastique. Il occupa, pendant plus de trente années, la cure de Grandcamp (1), sans que jamais les soins du ministère lui aient fait oublier ses vassaux. Riche et généreux, la paroisse de Belbeuf lui doit la construction de la nef de son église, et St.-Adrien l'érection de sa chapelle en prieuré. Notons, en passant, que le pieux fondateur avait imposé au titulaire de ce bénéfice l'obligation de venir dire une première messe tous les dimanches dans l'église de Belbeuf. Loïse de Poissy, héritière de son oncle, transmit toute la fortune de la maison de Poissy à MM. d'Helleinvilliers ; mais ceux-ci, possédant ailleurs de vastes domaines, ne tardèrent pas à se défaire des seigneuries de Goui et de Belbeuf. Les acquéreurs de cette dernière terre la gardèrent moins long-temps encore. Quelques années plus tard elle passait, en la personne de noble homme Jean Godart, sei-

---

(1) Nous pensons qu'il s'agit ici de la paroisse de Grandcamp, au doyenné de Lillebonne.

gneur de St.-Aubin, entre les mains de la famille qui la possède encore aujourd'hui. L'acte de vente porte que « le fief a droict de patronage d'église « dudict lieu de Bellebeuf et chapelle de St.-Adrian, « pour y présenter touttes fois que vacation y eschet. »

« Le premier titulaire du prieuré de St.-Adrien, dont le souvenir soit parvenu jusqu'à nous, se nommait Nicolas Leroux. Il était, comme on disait alors, *mineur d'ans*. Forcé cependant de rendre aveu à son seigneur, Nicolas Leroux, père du jeune clerc, se portant fort pour son fils, se présente et déclare ce qui suit (1) : « C'est la déclaration des terres et héritages, en cir-
« constances et dépendances, *appartenans de présent en*
« *propriété à la chapelle de Monsieur sainct Adrian*, si-
« tués et assis en la paroisse Nostre-Dame de Bellebeuf,
« que baille à ladicte sieurie de Bellebeuf maistre Ni-
« colas Leroux, clerc du diocèse de Rouen, pourveu au
« bénéfice de ladicte chappelle et prieuré de Sainct-
« Adrian par noble homme Isaac Puchot, sieur de Ger-
« ponville et dudict Bellebeuf, et par noble dame Char-
« lotte Martel, dame dudict lieu de Gerponville, sa
« mère, auxquels la donaison et pourvoy de ladicte
« chappelle appartient..... bournés d'un costé ladicte
« chappelle et la coste ou fallaise de la roche dudict
« Sainct-Adrian, d'aultre costé une petite sente, qui
« maine du Becquet à la chappelle de Sainct-Anthoine. »
On voit par ces énonciations qu'il n'existait, à l'époque de cet aveu, qu'un sentier au bas de la chaîne de collines où passe aujourd'hui la grande route ; quant à la chapelle de St.-Antoine, située à cinq cents pas environ de celle de St.-Adrien, elle a été démolie vers 1750,

---

(1) *Pièces justificatives*, nº. 1.

lors de l'établissement de la route, et il n'en reste plus aucune trace.

« Le 6 janvier 1610, Nicolas Leroux, alors majeur, donnait sa démission entre les mains du seigneur de Belbeuf. Il paraîtrait que le trafic des bénéfices, malheureusement si commun au XVI⁰ siècle, n'avait pas encore complètement disparu et que l'on continuait à faire la guerre à cet abus ; car le prieur Leroux, pour écarter toute idée de simonie dans l'abandon de son bénéfice, déclarait « que la remise en estoit pure et « simple, jurant en l'âme de conscience qu'en icelle re- « mise ou rechangement il n'est intervenu ny n'inter- « viendra aucune fraulde ou paction illicite » (1).

« Le site alors si sauvage de St.-Adrien convenait au plus haut degré aux âmes contemplatives ; comme preuve, je ne puis résister, Messieurs, au plaisir de vous citer un fait rapporté, d'après Jean-Pierre Camus, le célèbre évêque de Belley, par l'historien de l'église cathédrale de Rouen. Le récit du pieux évêque, tel qu'on le trouve dans Pommeraye, respire d'ailleurs je ne sais quel parfum de simplicité naïve, qui plait généralement aux antiquaires : « Un chanoine de l'église « de Rouen, nommé Roch, homme de vie simple et « exemplaire, conceut une si extrême passion pour « la demeure solitaire de Sainct-Adrian, qu'il forma « dessein d'y finir ses jours, loin du tumulte et des « embarras du siècle. Il eût volontiers échangé tous ses « bénéfices et sa prébende, qui estoient d'un grand « venu, pour ce pauvre hermitage. Mais ce bon cha- « noine ne le pouvant obtenir, après avoir receu la bé- « nédiction de M. le cardinal de Joyeuse, pour lors

---

(1) *Pièces justificatives*, nº. 2.

« archevesque de Rouen, et ayant remis entre les mains
« et à la disposition du chapitre ses riches bénéfices, il
« s'embarqua au Havre-de-Grâce pour faire le voyage
« de St.-Jacques et visiter les plus saints et plus cé-
« lèbres lieux et pélerinages de l'Espagne, où le St.-
« Esprit l'attiroit. Car, après avoir visité avec mille
« incomoditez St-Jacques, Notre-Dame-de-Guadalupe
« et du Pillier, il fut enfin, comme par un miracle et
« par des voyes extraordinaires, attiré à un hermitage
« dédié à la mémoire de saint Roch, lieu affreux et in-
« accessible, situé dans le royaume d'Arragon, à la
« descente des monts Pyrénées, solitude habitée de temps
« immémorial par des hermites étrangers..... tous per-
« sonnages pleins de mérites et de vertus, illustres en
« miracles devant et après leur mort. Pour abréger,
« dès que le saint hermite portugais, qui pour lors ha-
« bitoit cette solitude, eut apperceu et considéré notre
« voyageur, l'appelant Roch par une inspiration divine,
« il le salua de ces mots : Soyez le bienvenu, mon frère
« Roch ; venez habiter le rocher dédié à saint Roch,
« car Dieu vous a destiné pour m'y succéder et occuper
« cet hermitage après mon décéds. Notre Normand,
« étonné des discours de ce vénérable père, combattu
« de deux diverses passions, succomba au désir de
« poursuivre ses voyages, ce que Dieu permit pour le
« confirmer par après dans le dessein et la ferme réso-
« lution de demeurer perpétuellement dans cette soli-
« tude à l'exemple des anciens ; car dans la continuation
« de son voyage ayant souffert d'étranges et d'extraor-
« dinaires disgrâces, ayant perdu son équipage et s'étant
« veu sur le point d'estre massacré par des voleurs qui
« le lièrent et garrotèrent à un arbre dans le plus pro-
« fond des forests, où il demeura exposé aux bestes

« sauvages, à la faim, à la soif, le chaud, le froid, la
« nudité, les maladies ; tout cela le fit souvenir de la
« prophétie du bon père Paphnuce (ainsi s'appelait ce
« bon ermite), et le fit retourner vers luy, qui le receut
« à bras ouverts, le mena dans la ville de Sarragosse,
« capitale d'Arragon, où il prit l'habit des mains du
« révérend official, que l'archevesque luy avoit donné
« pour supérieur, et fit les trois vœux et en particulier
« celui de stabilité en cet hermitage. Chose merveil-
« leuse que ce saint hermite portugais luy céda la place,
« étant aussitost passé de cette vie à une meilleure. »
Pommeraye ajoute que le chanoine Roch vivait encore
en 1623 ; que « feu M. du Bellay, voyageant en Es-
« pagne, le vit et apprit de sa bouche cette histoire » (1).
D'autres temps, d'autres mœurs ; si le chanoine Roch
avait vécu de nos jours, au lieu d'user son activité et
sa vie à courir de stériles aventures, il aurait assigné à
son zèle un but plus noble et surtout plus profitable au
salut de l'humanité. On l'aurait vu porter la lumière du
christianisme aux peuplades du Nouveau-Monde, ou, à
la suite de nos glorieuses armées, il eût été heureux
d'appeler à la liberté de l'Évangile les esclaves courbés,
depuis tant de siècles, sous le joug dégradant du despo-
tisme oriental.

« Pendant que Roch cherchait à oublier St.-Adrien
en se livrant, en Espagne, à ses longues et dangereuses
pérégrinations, notre chapelle fut constamment pourvue
d'un prieur. Après la retraite volontaire de Nicolas Leroux, Robert Le Riche, curé de Celloville et chapelain
de Notre-Dame-de-la-Ronde, à Rouen, lui succéda. Ce
dernier ne mourut qu'en 1643 et fut lui-même remplacé
par Guillaume Radou, vicaire de St^e.-Croix-des-Pelle-

(1) Pommeraye, *Histoire de l'église cathédrale de Rouen*, p. 289.

tiers, une des paroisses de la ville, supprimée depuis la Révolution (1). Le seigneur de Belbeuf ayant présenté cet ecclésiastique à la nomination de l'archevêque de Rouen, Antoine Gaulde, grand-vicaire de ce prélat, et plus tard grand-chantre de la cathédrale, dignité très-relevée à cette époque, lui conféra l'institution nécessaire. Guillaume Radou rendit aveu pour la chapelle (2) ; il est fait mention dans ce titre d'un nouveau chemin conduisant à Rouen, appelé *Route de la Marchandise*, chemin destiné à remplacer l'ancienne sente qui, comme vous l'avez vu, existait antérieurement au bas de la montagne. L'établissement de cette route constituait déjà un progrès; mais, comme on avait négligé de la construire en chaussée, les voyageurs ne pouvaient se servir dans les grandes eaux du *Chemin de la Marchandise*, et, pour se rendre à Rouen, ils étaient obligés de gravir les plateaux, pour redescendre ensuite derrière la montagne St.-Catherine. Guillaume Radou, conservant son vicariat, ne pouvait en même temps desservir le prieuré dont il devenait titulaire : force lui fut donc de déléguer ses pouvoirs à un simple prêtre (3). Nous avons l'état du mobilier de la chapelle de St.-Adrien, dressé à cette occasion ; vous ne serez peut-être pas fâchés, Messieurs, de le connaître :

« 1°. Six chasubles: deux rouges, deux meslés et un de damas rouge ; un noir, avec les estolles et manipules ;

« 2°. Huict aubes, avec les amicts et ceintures ;

« 3°. Onze nappes aux autels et deux petites à communier ;

(1) *Pièces justificatives*, nos. 3 et 4.
(2) *Ibid.*, n°. 5.
(3) *Ibid.*, n°. 6.

« 4°. Dix-neufs corporalliers ;

« 5°. Quatorze essuyeux ;

« 6°. Vingt purificatoires ;

« 7°. Un calice d'argent et quatre autres d'estain ;

« 8°. Dix chopinettes, un plat à laver et une petite clochette ;

« 9°. Six chandeliers de cuivre ;

« 10°. Cinq missels en cahyer et en parchemin, notés ;

« 11°. Une grande armoirie pour serrer les ornements ;

« 12°. Deux coffres servant à la chapelle ;

« 13°. Deux reliquaires, avec le coffre servant aux reliques ;

« 14°. Enfin, six plats de gros estain, pour cueillir aux messes.

« Comme vous le voyez, Messieurs, le mobilier de notre chapelle ne laissait rien à désirer ; plût à Dieu qu'il fût aussi complet aujourd'hui !

« Le chapelain choisi par Guillaume Radou s'engage à faire des prières et oraisons sur la rivière de Seine, avec surplis et étole. Voici les motifs de cette clause, qui pourrait vous paraître extraordinaire maintenant que, grâce aux améliorations successives réalisées dans le lit du fleuve, la navigation n'offre plus aucun danger. En 1643, avant la construction de la grande route, le hallage était établi sur la rive droite de la Seine et longeait le hameau de St.-Adrien. Les patrons des bateaux étaient dans l'usage de recevoir, à leur passage, la bénédiction du prieur ; — celui-ci, de son côté, avait ses raisons pour la donner avec effusion, — soit pour remercier le Ciel d'un heureux voyage avant leur entrée dans le port de Rouen, soit pour implorer ses faveurs lorsqu'ils partaient pour Paris. Mais vous l'avez déjà pressenti, Messieurs, le prêtre vivant de l'autel, ces bons mariniers, avant d'adresser leur salut d'adieu aux roches de St.-Adrien, se croyaient obligés de faire un présent au prieur pour le remercier de ses prières. Ce présent consistait en denrées de toute nature, en vin, en blé, selon ce que les bateaux transportaient, jamais en argent. Le déplacement du hallage porta un coup funeste au revenu du prieur, qui, en 1780, montait à peine à 600 livres par année.

« Guillaume Radou mourut en 1663 ; ses héritiers ne demeurant pas en Normandie, le seigneur de Belbeuf se vit forcé de présenter une requête au Lieutenant général du Bailliage de Rouen, pour être autorisé à faire ouvrir les portes des bâtiments et maisons du prieuré (1) ; mais il négligea de faire choix d'un candidat destiné à remplacer ce chapelain, et laissa six mois s'écouler sans avoir pourvu à la présentation. Or, il y avait toujours des ecclésiastiques sans prébendes, avides de bénéfices et à l'affût des vacances, en vue de profiter de la négligence des patrons. On fait mieux aujourd'hui : on sollicite la survivance d'un emploi avant la mort du titulaire. Un sieur Drieux, enrôlé dans la troupe famélique des chercheurs de bénéfices, prit *les devants* sur ses collègues ; il courut à Rennes, où se trouvait alors momentanément l'archevêque de Rouen. Ce prélat voulut payer au solliciteur ses frais de voyage, en lui accordant le bénéfice réclamé (2) ; c'était, du reste, se conformer aux canons de l'Église, qui, à défaut de présentation dans les six mois, prescrivaient de pourvoir aux bénéfices ou prieurés, dont on ne pouvait laisser s'éterniser la vacance.

(1) *Pièces justificatives*, n°. 7.
(2) *Ibid.*, n°. 8.

« Nous trouvons, Messieurs, dans les archives de ma famille, la preuve de l'intérêt constant que les patrons du prieuré de St.-Adrien portaient à la petite chapelle. A cette époque, Jacques de Belbeuf, alors mineur, après avoir terminé ses études au collége d'Harcourt, entreprit un voyage de longue haleine en Italie, en Allemagne, en Angleterre. Nous possédons, écrite de sa main, la curieuse relation de son voyage et les lettres nombreuses qu'il adressait à sa mère. Dans l'une d'elles, datée de Rome, du 8 juillet 1670, nous lisons : « J'ay
« eu bien de la joye, madame ma très-chère mère,
« d'avoir apris l'estat de vostre santé par le dernier or-
« dinaire et d'avoir receu les noms de toutes les pa-
« roisses pour qui j'ay obtenu les Quarante-Heures ;
« mais je ne scay si les indulgences plénières n'eussent
« pas esté plus commodes. Celles-là ne se donnent que
« pour sept ans ; mais quand j'iré dire adieu au Pape,
« j'en demanderé une à perpetuité pour Belbeuf et pour
« Sainct-Adrian..... Si M. le curé de Sainct-Laurent,
« que je vous prie d'assurer de mes très-humbles res-
« pects, en veut quelqu'une, soit Quarante-Heures, soit
« indulgence plénière pour quelques festes de l'année,
« il peut commander en m'envoyant le nom. J'ay desjà
« des indulgences pour l'article de la mort pour mes
« parents au premier et au second degré et pour cinq
« de mes amys, et, outre cela, j'ay obtenu les mêmes
« indulgences pour M. Drieux (le frère du prieur) et sa
« famille..... J'ay bien encore deux mille indulgences à
« distribuer à qui il me plaira, trois ou quatre cents
« *Agnus Dei* et six boëttes de reliques avec leurs au-
« thentiques en bonne forme, afin que M. le curé de
« Belbeuf n'empesche pas que l'on en mette dans la
« chapelle de Sainct-Adrian. Je vous prie que l'on ne

« parle point à personne que j'ay de tout cela ; car il
« n'y a tousjours que trop de demandeurs. Je suis
« fourny de nombreuses médailles bénites de la
« main du Pape et de quantité de croix de Caravaca,
« de peur du tonnerre, qui, outre qu'elles sont véri-
« tables, ont encore bien des indulgences que le Pape
« y a attribuées en les bénissant.,... Je vous envoye
« plusieurs images de Nostre-Dame-de-Lorette et de
« petites coëffes de taffetas, où est l'image de la Saincte-
« Vierge dessus, qui ont une vertu très-grande pour le
« mal de teste et des dents, et certaines ceintures, qui
« sont comme du ruban, où sont des lettres d'or et
« portant la mesme image. Vous aurés la bonté, s'il
« vous plaist, de prendre une de ces ceintures et de la
« donner à ma sœur; car, comme elles ont un mérite
« tout particulier pour les femmes grosses, je croy
« qu'elle aura bien la dévotion d'en porter tousjours
« une et je suis sur qu'elle ne s'en trouvera pas mal....
« Pour ce qui est du tabernacle de Sainct-Adrian, c'est
« une chose que le Pape renvoye aux archevesques,
« de sorte qu'il ne faut pas faire fond de ce costé icy ;
« mais comme j'auré les Quarante-Heures pour cette
« chapelle, cela obligera en quelque manière M. l'ar-
« chevesque de le faire; car il en faut bien un de néces-
« sité pour resserrer le sainct ciboire. » Jacques de
Belbeuf n'avait donc pas perdu son temps à Rome ; mais
ne pensez-vous pas, Messieurs, qu'avec une pareille
provision de grâces spirituelles il avait tort de redouter
le trop grand nombre des *demandeurs?* En ce qui con-
cerne le tabernacle de St.-Adrien, l'innocent stratagème
du jeune patron paraît avoir réussi auprès de l'autorité ecclésiastique. La chapelle de St.-Adrien obtint son
tabernacle, et il n'est pas besoin d'un long examen pour

se convaincre que celui qui existe aujourd'hui remonte à cette même époque.

« Les seigneurs de Belbeuf ne s'étaient pas formalisés, à ce qu'il paraît, de la manière tant soit peu cavalière dont le prieur de St.-Adrien s'était fait accorder cette chapelle, sans présentation. Nous voyons, en effet, long-temps après à la vérité, Pierre de Belbeuf présenter le prieur Drieux pour curé de cette paroisse. Ce dernier cumula alors les deux fonctions et reçut son investiture des mains de Charles Malet, chanoine de Rouen, archidiacre du Vexin normand et grand-vicaire de l'archevêque Rouxel de Médavy (1). Le seigneur de Belbeuf assista à la prise de possession de son nouveau curé et signa le procès-verbal qui fut dressé en cette circonstance. Quant au chanoine Malet, originaire de Picardie, il avait connu François de Harlay et s'était lié avec lui à Paris, sur les bancs de la licence. Il le suivit à Rouen; mais il ne l'accompagna pas à Paris, lorsqu'il devint archevêque de cette ville. Pommeraye le dépeint ainsi : « il estoit frugal, désintéressé, aumônier et bien intentionné pour la discipline; ne recevoit aucuns
« présents, dont en sa fonction on est assez régalé
« quand on est d'humeur à en prendre, et après avoir
« servi près de trente ans dans ce diocèse, il est mort
« peu accommodé, le 20 août 1680. »

« Je crains, Messieurs, d'abuser de votre patience ; je ne voudrais pas cependant omettre un événement survenu à Belbeuf en l'an de grâce 1689, et qui dut vivement impressionner le prieur de St.-Adrien. Cet épisode a d'ailleurs une certaine importance, en ce qu'il fait voir les moyens employés par Louis XIV pour re-

(1) *Pièces justificatives*, n°. 9.

cruter ses armées. Aujourd'hui, comme alors, nos populations rurales n'ont pas un goût bien vif pour l'état militaire ; mais revêtez nos jeunes paysans de l'uniforme des chasseurs de Vincennes, ou coiffez-les du fez des Zouaves, et vous verrez si, en présence de l'ennemi, ils ne sauront pas faire leur devoir : beaucoup accompliront des prodiges de valeur dignes, comme le disait Horace, d'être chantés sur la lyre des poètes (1) ; ils prouveront que la nation française est encore la première entre toutes pour la bravoure et le patriotisme.

« Donc, Messieurs, à cette époque où le recrutement par la voie du sort était inconnu, tous les habitants, réunis sous la présidence du marguillier de la paroisse, en présence du curé, choisissaient parmi les jeunes gens un ou plusieurs miliciens. On comprend que la désignation se portait de préférence sur les plus turbulents, sur ceux dont on désirait débarrasser le pays. Un certain Roussel avait été élu ; il se mit en pleine insurrection contre les habitants. Une enquête eut lieu sur les faits reprochés à ce mauvais sujet ; la direction en fut confiée au prieur de St.-Adrien : vous me permettrez de vous citer quelques-unes des dépositions des témoins entendus (2).

« Nous, Jean-Jacques Drieux, prêtre, docteur de la
« sacrée Faculté de Paris, prieur de St.-Adrien et curé
« de l'église paroissiale de Belbeuf, certifions que lors-
« que Nicolas Roussel fut eslu par les habitants de la-
« dite paroisse pour servir dans la milice, il estoit
« présent, demeurant actuellement et faisant le métier
« de rubannier, n'ayant espée ni aucune marque de

---

(1) *Dicenda musis prœlia.* Horace, livre IV, ode IX.
(2) *Pièces justificatives,* n°. 10.

« soldat ; même que le dit Roussel ne réclama point
« contre l'élection qui se faisoit de sa personne et ne
« dit point qu'il estoit enrollé, afin d'estre tiré de dessus
« la liste des autres garçons de ladite paroisse, ce que
« nous attestons véritable. A Belbeuf, ce 24 février
« 1689. » Immédiatement le ministre de l'Évangile,
tout à l'heure capitaine de recrutement, maintenant
commissaire-enquêteur, se met en devoir de recueillir
les témoignages. Jacques Sévestre déclare « qu'il a en-
« tendu dire audit Nicolas Roussel, le jour de l'élection,
« que, si on le nommoit pour soldat, il brûleroit toute
« la paroisse, qu'il tueroit un homme de la grande rue
« et que les diables l'emporteroient plutôt qu'il serviroit
« dans la milice. » Nicolas Lecercle atteste que « Ni-
« colas Roussel, le lendemain de l'élection (il paraît que
la nuit n'avait pas porté conseil à notre récalcitrant)
« lui avoit dit que quand il y auroit trois ou quatre
« bons garçons comme lui de nommés, qu'il sauroit
« bien les faire dégager aussi bien que lui. » Robert
Hardy déclare que « Roussel lui avoit dit qu'il coupe-
« roit bras et jambes au trésorier. » Enfin, Denis Rault
affirme « qu'il a entendu dire à Nicolas Roussel qu'il
« tueroit entre-ci et dimanche un homme de la grande
« rue, et qu'il aimoit mieux estre pendu au plus haut
« orme de la paroisse que d'aller à la guerre. » Ce dan-
gereux milicien devait à la fin trouver son maître :
Beuvron, de la maison d'Harcourt, gouverneur du château de Rouen, intervint et ordonna qu'il serait mis en
prison pour être châtié suivant la rigueur des ordonnances. Le pauvre Roussel eut sans doute fort à se re-
pentir de sa révolte ; car alors on ne ménageait guère
les tapageurs et les hommes en état d'hostilité ouverte
contre l'autorité.

« Nous parcourons rapidement, Messieurs, la nomenclature un peu aride des prieurs de St.-Adrien. Après Drieux, mort en 1703, Louis Waubert (1) fut pourvu de ce bénéfice ; les grands-vicaires de l'archevêque lui conférèrent sans difficulté l'institution canonique. A Waubert, démissionnaire en 1712, succéda Jean-Baptiste Grutel, qui (2), étant mort lui-même en 1720, fut remplacé par Jean Ivon, curé de Ste.-Croix-des-Pelletiers, à Rouen (3). Celui-ci, épris de la chapelle de St.-Adrien, peut-être aussi aspirant au repos, se démit de sa cure pour établir sa résidence au pied de notre paisible falaise. Savant, amateur des belles-lettres, il réunissait ses amis dans son modeste prieuré ; on faisait des lectures ; les grands poètes de l'antiquité, notre vieux Corneille étaient particulièrement appréciés dans cette réunion d'élite ; puis, avant de se séparer, une table simple, mais bien servie, réunissait les commensaux du vieux chapelain. Jean Ivon voulut être enterré dans la chapelle qu'il avait tant aimée ; le temps a respecté sa pierre tumulaire : « Cy gît le corps d'Adrien-Jean Ivon,
« prêtre, docteur en théologie, prieur de ce lieu, de
« Sainte-Marie-Egytienne du Pont-Audemer, des Saints-
« Innocents de Paris, vicaire-général official de Mon-
« seigneur l'Évêque de Lisieux dans l'exemption de
« Saint-Cande-le-Vieux, ancien curé de Sainte-Croix-
« des-Pelletiers, décédé le 23 novembre 1756, âgé de
« 78 ans. *Requiescat in pace.* » La chapelle de St.-Adrien possède encore un graduel, imprimé sur vélin, dû à la munificence de l'aimable prieur. Mais ce sou-

---

(1) *Pièces justificatives*, n°. 11.
(2) *Ibid.*, n°. 12.
(3) *Ibid.*, n°. 13.

venir de Jean Ivon, qui rattachait le présent au passé, il ne doit plus reparaître! Il y a trois mois à peine, les paroissiens de Belbeuf, réunis en grand nombre dans la chapelle, chantaient, pour la dernière fois peut-être, l'office particulier et la prose de leur saint patron, qui, peu de jours après, allaient être emportés par le triomphe de l'uniformité liturgique. Tel est, Messieurs, l'esprit de notre siècle : dans l'ordre ecclésiastique comme dans la société civile, les anciens priviléges de nos provinces et les institutions locales disparaissent pour se confondre et se perdre au sein de la centralisation universelle.

« Le vénérable abbé Thorel (1), grand-vicaire de l'évêque d'Avranches, qui avait recueilli la succession de Jean Ivon, mourut le 15 août 1788 ; il eut pour remplaçant un sieur Giraud, qui termine d'une manière malheureuse la liste si honorablement remplie des titulaires du bénéfice. Ce prieur, ayant donné à plein collier dans la constitution civile du clergé, mérita d'être nommé à la cure constitutionnelle de Belbeuf, en place du respectable abbé Delahaie qui, lui, fidèle à ses serments, s'en alla mourir sur la terre étrangère; puis la Révolution française survint, et, finalement, la chapelle de St.-Adrien, après avoir été réunie au domaine national, fut vendue à un marchand de Rouen: cet homme établit sa cave dans la grotte des ermites et ses magasins jusque dans le sanctuaire ! Depuis les attentats des Calvinistes sur nos monuments religieux, on n'avait pas vu de pareille profanation !

« Jusqu'à cette époque de lugubre mémoire, Mes-

---

(1) *Pièces justificatives*, n°. 14.

sieurs, le pélerinage de St.-Adrien, comme j'ai déjà eu l'honneur de vous le dire, n'avait jamais cessé d'être très-fréquenté. On trouve dans les archives de la mairie de Grand-Couronne, commune située de l'autre côté de Rouen, un compte, rendu par les trésoriers de la Fabrique, de la dépense faite chaque année pour la procession de St.-Adrien : ainsi, en 1735, il est porté quatre livres ; l'année suivante, cinq livres. Ces braves paroissiens, fidèles dans leurs visites à St.-Adrien, ont conservé le culte des souvenirs : aujourd'hui encore ils font célébrer, chaque année, un service pour *la reine Mathilde, bienfaitrice de la paroisse.* C'est à cette princesse que, par tradition, ils rapportent le don de leurs biens communaux : le temps n'a pas affaibli dans leurs cœurs le sentiment de la reconnaissance. Les habitants de Varneville-aux-Grès, près Tôtes, se distinguaient aussi par leur exactitude et leur piété. Ils venaient tous les ans, quoique la distance à parcourir fût grande, remercier saint Adrien de ses bienfaits. Qui aurait pu alors soupçonner ce qui est arrivé depuis ? Laissons parler votre ancien directeur, le savant abbé Cochet : « Chose que
« l'on aura peine à croire, cette paroisse faisait une
« procession à la chapelle de St.-Adrien, située dans
« les roches de Belbeuf, près Rouen ; c'était à la suite
« d'un vœu fait pendant une peste. Maintenant on se
« contente d'aller à Bretteville tous les lundis de la
« Pentecôte, et l'on porte à la procession l'image de
« saint Adrien, placée au bout d'un bâton » (1).
Certes, on en conviendra, voilà pour les paroissiens de Varneville une singulière façon d'accomplir le vœu

---

(1) L'abbé Cochet, *Églises de l'arrondissement de Dieppe*, p. 528.

de leurs ancêtres : que la peste, à l'avenir, leur soit légère !

« Après la tourmente révolutionnaire, la chapelle de St.-Adrien fut rendue au culte et desservie par le curé de Belbeuf. Seul édifice religieux au bas des montagnes de ce côté, depuis la destruction si regrettable de l'église anciennement paroissiale du Becquet, elle est devenue d'une utilité incontestable pour tous les habitants de ces localités, et ils sont nombreux. Quelques jours encore et ce petit oratoire sera complètement réparé. On a respecté l'ornementation intérieure ; on a laissé à la statue de notre saint et à celles de saint Sébastien et de saint Roch leur ancien caractère, leur forme peu artistique, mais naïve, la bigarrure de leurs vêtements peints ; on a conservé surtout avec une religieuse attention deux vieux bancs de chêne, grossièrement travaillés, dont la structure massive accuse la haute antiquité ; un troisième, plus moderne, porte les images de saint Adrien, de saint Roch et de saint Sébastien, sculptées en creux dans le bois, avec l'inscription suivante : « Pour seoir les maistres de la « Confrairie de Monsieur sainct Adrian, fondée en l'es- « glise des Augustins de Rouen, en l'année 1651 » (1). De la terrasse, située au-dessous de la chapelle, on découvre devant soi la Seine, d'une largeur exceptionnelle en cet endroit, bordée de prairies, enrichie de ses îles verdoyantes ; sous les pieds, la route de Paris ; vers le nord, la grande ville de Rouen, ses tours et ses clochers, qui semblent surgir de la surface des eaux ; au midi, le hameau du Port-St.-Ouen, devenu célèbre par le séjour qu'y fit Charles VII, lors des négociations

(1) L'église des Augustins est située à l'angle de la rue Malpalu et de la rue Impériale. C'est aujourd'hui un entrepôt de liquides.

entamées par le roi avec les bourgeois de la capitale du duché de Normandie, pour la reddition de leur ville et sa rentrée dans les mains de leur légitime souverain.

« En voilà assez, ce nous semble, Messieurs, pour attirer en ce lieu, indépendamment des archéologues de profession, les amateurs du pittoresque et des beautés de la nature. Les maîtres de la science géologique y trouveront des objets intéressants pour leurs études, et les collectionneurs de plantes rares et curieuses une flore très-variée, dont la *pensée* de Rouen, originaire de ces parages, forme le plus brillant ornement. Je vous convie tous, Messieurs, à ce pélerinage. Vous n'éprouverez peut-être pas des impressions aussi vives que celles de notre bon chanoine Roch; vous ne quitterez pas votre pays pour des excursions lointaines et des aventures dangereuses; mais vous pourrez ressentir encore de bien religieuses et bien douces émotions.

« Encore un mot, Messieurs, et j'ai fini. Je me suis souvent demandé comment, après tant d'invasions étrangères et de guerres civiles, de destructions de chartriers et de titres, de séditions populaires, renversant tout sur leur passage, et surtout après les actes inouïs de vandalisme qui ont signalé la période révolutionnaire; comment il pouvait subsister encore un si grand nombre de documents de toute nature concernant, les uns l'histoire générale, les autres des chroniques particulières, documents recueillis chaque jour avec un soin religieux, grâce au zèle déployé par la Société des Antiquaires de Normandie. Apparemment, Messieurs, nous étions si riches que la main des hommes, plus à craindre que les ravages du temps, n'a pu parvenir à tout détruire. Vous avez beaucoup fait déjà dans cette œuvre réparatrice des erreurs du passé; mais il reste encore un vaste champ ouvert à vos explorations. Que de points obscurs demandent à être éclaircis ! Que de questions douteuses à résoudre ! Le pays, confiant en vos lumières, se repose sur vous du soin de donner à un grand nombre d'entre elles une solution définitive.

« Oui, Messieurs, vous avez une grande tâche à remplir, permettez-moi de vous le répéter avec la double autorité qui s'attache à mon âge et à la dignité, si flatteuse pour moi, que je dois aujourd'hui à votre bienveillance. Placés en quelque sorte, suivant la belle pensée de M. de Châteaubriand, sur le sommet intermédiaire de deux époques séparées par un abîme, entre le passé disparu sans retour et l'avenir qui appelle le monde à de nouvelles destinées, vous avez devant vous quelques années encore pour étudier avec fruit les hommes et les choses d'un autre âge. Si vous voulez profiter de ces derniers jours de grâce et de faveur, il vous sera donné, Messieurs, soit de reconstituer, avec leur physionomie primitive, la plupart de nos vieux édifices, dont bientôt on interrogerait vainement les ruines sans pouvoir les comprendre, soit de mettre au jour une foule de documents historiques qui, une fois anéantis, emporteraient avec eux le secret de nos origines : belle et noble mission dont vous devez compte à la postérité, mais que vous saurez accomplir jusqu'au bout !

« Persévérez donc, Messieurs, dans vos laborieuses recherches. Ne négligez aucun détail ; les plus petits monuments, les plus insignifiants en apparence, doivent être de votre part, tout aussi bien que les grands, l'objet d'études approfondies. Une mention à peine indiquée, une inscription à demi effacée par le temps, une pierre, un rien suffisent parfois pour mettre l'archéologue exercé sur la trace de quelque grande découverte. Continuez à scruter, à fouiller sans paix ni trêve les dépôts publics et les archives particulières. Mais ayez recours surtout, pour éclairer vos travaux, à la science épigraphique, si féconde en précieux résultats : les Borghesi, les de Rossi, les Piétro Rosa, en Italie ; les De La Rue, les de Caumont, les de Boissieu et tant d'autres, en France, vous ont ou devancés ou suivis dans cette voie, et vous savez si leurs efforts ont été couronnés de succès. Que chaque famille nous vienne en aide pour enrichir de tant de trésors, encore enfouis dans la poussière des chartriers, les recueils de la Compagnie. On a vu depuis peu comment l'appel fait aux possesseurs des lettres du bon roi Henri avait été entendu et les fruits qu'il avait produits, sous l'habile direction d'un éminent académicien (1). L'exemple de cette grande œuvre, menée à si bonne fin malgré les difficultés de l'entreprise, ne peut manquer de rencontrer des imitateurs.

« Permettez-moi, Messieurs, en terminant, de vous remercier de nouveau du choix que vous avez bien voulu faire de ma personne pour présider cette auguste et savante assemblée (2). »

(1) M. Berger de Xivrey, membre de l'Institut.
(2) Voyez, pour les *pièces justificatives* auxquelles ce discours renvoie, l'Appendice qui termine ce volume.

PIÈCES JUSTIFICATIVES.

N°. 1.

C'est la déclaration des terres et héritages, en circonstances et dépendances, appartenant de présent en propriété à la chapelle et prieuré de monsieur Sainct Adrian, scitués et assis en la paroisse Nostre-Dame de Bellebeuf, que baille à ladicte sieurie de Bellebeuf maistre Nicolas Leroux, clerc du diocèse de Rouen, pourveu du bénéfice de ladicte chapelle et prieuré de Sainct-Adrian, par noble homme Isaac Puchot, sieur de Gerponville et dudict Bellebeuf, et par noble dame Charlotte Martel, dame dudict lieu de Gerponville, sa mère, auxquels la donnaison et pourvoy de ladicte chapelle et prieuré appartient, jouxte et suivant la lettre de ladicte donnaison portée par ledict Leroux et signée des mains desdicts sieur et dame de Gerponville, en datte du vingt cinquiesme jour de septembre mil cinq cents quatrevingt traize : c'est assavoir une pièce de terre tant en labour qu'en jardin, ainsy clos et planté qu'il est, assis en ladicte paroisse de Bellebeuf, joignant et contigue de ladicte chapelle, le tout contenant acre et demye ou environ, bournée d'un costé ladicte chapelle et la coste ou fallaise de la roche dudict Sainct-Adrian, d'aultre costé une petite sente qui maine du Becquet à la chapelle de Sainct-Anthoine, d'un bout Guiot Duroulle, et passe par le coing de ladicte pièce le chemin qui monte à ladicte chapelle : laquelle pièce de terre, cy dessus déclarée, est tenue de ladicte sieurie de Bellebeuf en pure aumosne et sans aulcun moien, fors et réservés le debvoir, honneur, respect et fidellité deus audict sieur de Bellebeuf, jouxte et ainsy qu'il est accoustumé faire en tel et semblable cas, par ledict Leroux et aultres prieurs et chapellains, pour et au nom de ladicte chapelle, de laquelle pièce a esté trouvée d'ancienneté possédant ladicte chapelle et prieuré et ledict Leroux lors et en précédant son pourvoy à icelle : et est aussy subject le prieur ou chapellain de ladicte chapelle de Sainct-Adrian d'assister avec le curé dudict lieu de Bellebeuf au service divin et de servir l'église à l'absence dudict curé, en la manière que faisoient les précédents chapellains et prieurs de ladicte chapelle et prieuré de Sainct Adrian.

LEROUX.

L'an de grâce mil cinq cents quatre-vingt-quinze, le dix-septiesme jour de juillet, au manoir sieurial de Bellebeuf, ès plaids de ladicte sieurie, en présent et en la fin desdicts plaids, tenus par nous Pascal Dieupart, advocat en la Cour de parlement de Rouen, seneschal d'icelle sieurie dudict Bellebeuf, s'est compareu honorable homme Nicolas Leroux, bourgeois de Rouen, se présentant pour Nicolas Leroux, son filz mineur d'ans, pourveu en l'oratoire et chappelle de Sainct-Adrian, deppendant de ladicte sieurie, lequel a baillé et présenté la présente déclaration et icelle affirmé véritable en son contenu, laquelle a esté receue par les présentes et reconnue d'aultre part, sauf à blasmer : et avons donné congié de court à iceluy Leroux, après qu'a promis faire ratiffier à sondict filz touttesfois et quantes que besoin seroit, et pour ce fut aussy luy présent ès plaids et ainsy promit tant que besoin sera. Faict comme dessus.

DIEUPART, MARTIN.

Le mercredy sixiesme jour de janvier mil six cents dix, devant noble homme monsieur maistre Jacques Godart, conseiller du Roy et auditeur en sa Chambre des comptes de Normandie, sieur et patron de Belbeuf (1), ayant la pleine

---

(1) Il devint maître des comptes à Rouen et mourut à Rome, le

possession de la chapelle de Sainct-Adrian, s'est présenté maistre Jean Mansel, procureur dénommé en l'aultre part, lequel et au nom du sieur Leroux aussy desnommé, a purement et simplement remis ladicte chapelle et juré en l'âme de conscience qu'en icelle remise ou rechangement il n'est intervenu ny n'interviendra aucune fraulde ou paction illicite, laquelle remise ainsy faicte a esté admise par ledict sieur de Belbeuf, dont il a requis acte estre expédié pour servir à telle fin que de raison, en présence de François Choppart et Jean Senard, demeurant en la paroisse de Sainct-Vincent, tesmoings.

CHOPPART et SENARD.

N° 2.

In nomine Domini, amen. Tenore hujus publici instrumenti cunctis pateat evidenter sitque notum quod anno ejusdem Domini millesimo sexcentesimo nono, die Jovis vigesima sexta mensis novembris, pontificatus sanctissimi in Christo patris et domini nostri domini Pauli divina providentia papæ quinti ejus nominis anno quinto, in mansione Nicolai Le Prevost, Rotomagi, in parochia Sancti Martini actu commorantis, publici apostolica et ordinaria auctoritatibus notarii et tabellionis jurati, ibidemque in utroque foro edictum insigniendo regium debite scripti et immatriculati, testimonio infradictorum ad hoc vocatorum et rogatorum, præsentia personali constituens et comparens, magister Nicolaus Leroux, ecclesiasticus rothomagensis diocesis, rector capellæ sub invocatione sancti Adriani, in districtu parrochiæ de Belbeuf, decanatus de Periers, ejusdem rothomagensis diocesis, sitæ, fundatæ et deserviri solitæ, spontanea voluntate et ex ejus certis proposito et scientia fecit, constituit, creavit et solemniter ordinavit, prout præsentium per tenorem facit, constituit, creat, nominat et solemniter ordinat, per reverendos suos generales et speciales

8 octobre 1626; il fut enterré dans l'église St.-Ives-des-Bretons, qui existe encore aujourd'hui.

dilectos suos fideles dominos et magistros, Joannem Mansel, presbyterum, in ecclesia cathedrali rothomagensi capellanum, et omnes alios in albo præsentium discurrendos, absentes tanquam præsentes, et eorum quemlibet in solidum, specialiter autem et expresse, in ipsius constituentis nomine, et pro eo capellam sub invocatione sancti Adriani hujusmodi, quando jura patronatus laicorum nobilium, videlicet Domini in temporali ejusdem loci de Belbeuf ex fundatione vel dotatione exstent, una cum omnibus et singulis ejusdem capellæ juribus, fructibus, pertinentiis et emolumentis universis in ipsius capellæ collatoris ordinarii alteriusve ad id videlicet canonicam potestatem habentis manibus, pure tamen, libere et simpliciter resignandum, cedendum et dimittendum, resignationemque seu juris abdicationem hujusmodi in eisdem manibus recipi et admitti petendum et obtinendum, ac litterarum desuper requisitarum et necessariarum expeditum consentiendum et consensum suum desuper requisitum et opportunum præstandum, jurandumque in animam dicti constituentis quod in præmissis nulla interfuit nec intervenit fraus, dolus, simoniæ labes aut alia pactio illiciti, et generaliter omnia alia et singula circa præmissa et in præmissis requisita et necessaria faciendum, dicendum, gerendum et exercendum, quæ ipsemet constituens faceret aut facere posset, si præmissis præsens et personaliter interesset, promittens idem constituens bona fide et sub hypotheca et obligatione omnium singulorum bonorum suorum, mobilium et immobilium, præsentium et futurorum, se ratum, gratum, stabile atque firmum habere ac perpetuo habiturum quidquid per dictos suos procuratores, unum aut alterum, actum et dictum gestumve fuerit, in præmissis seu quomodolibet procuratum : de quibus præmissis præfatus constituens voluit et petiit a me notario publico subsignato unum vel plura fieri et sibi soli tradi instrumentum seu instrumenta. Acta fuerunt hæc Rothomagi, anno, mense, die et pontificatu supradictis, præsentibus ibidem discreto viro magistro Jacobo Canivet, presbytero, insignis ecclesiæ cathedralis rothomagensis capellano, et Joanne le Riche Rothomagi in parrochia Sanctæ Crucis in atrio domini Audoini (1) actu commorante, testibus ad præmissa recens habitis atque rogatis, quique in secunda præsentis instrumenti una cum præfato constituente et me notario apostolico supradicto signaverunt.

Le Prevost.

N°. 3.

A Monseigneur, Monseigneur l'illustrissime et révérendissime archevesque de Rouen, primat de Normandie, ou à Messieurs ses vénérables vicaires-généraux, honneur, révérence et obéissance :

Nous, Jacques Godart, escuyer, sieur de Belbeuf et de Branville, comme ainsy soit que la chapelle de sainct Adrian, paroisse dudict Belbeuf, doyenné de Périers, en iceluy diocèse, soit de présent vaccante par le deceds de Robert le Riche, dernier capellain et paisible possesseur d'icelle, et qu'à nous appartient la présentation de la susdicte chapelle à cause de nostre terre et seigneurie dudict Belbeuf, et à vous, Monseigneur, l'institution, collation et toute autre provision canonique à cause de vostre dignité archiespiscopale, nous vous nommons et présentons maistre Guillaume Radou, prestre de vostre diocèse, ydoine et capable, auquel nous vous supplions et concéder et faire délivrer acte d'institution, collation et provision nécessaire sur ceste nostre nomination et présentation, pour, en vertu d'icelle provision, estre ledict Radou installé en la possession de ladicte chapelle, fruicts, proffits, revenus et esmoluments d'icelle : ce faisant, nous continuerons nos prières pour vostre prospérité et santé. En foy de quoy nous avons signé ces présentes de nostre seing et à icelles faict apposer le cachet de nos armes, ce troisiesme jour de décembre mil six cents quarante-trois.

(1) Nous ne possédons pas l'original de cette pièce et il a pu se glisser quelques fautes dans la copie que nous avons sous les yeux. L'*atrium domini Audoini* était ce vaste enclos, dépendant de l'abbaye, qu'on appelait la *Cour-Saint-Ouen* (Voyez de La Quérière, *Rouen, Revue monumentale, historique et critique*, in-12, 1835, p. 50).

Collatio cum originali sano et integro apud acta archiepiscopatus rothomagensis existente facta fuit per me secretarium archiepiscopatus subsignatum, requirente præfato magistro Radou, Rothomagi, anno Domini millesimo sexcentesimo quinquagesimo secundo, die vero vigesima sexta mensis septembris.

N°. 4.

Antonius Gaulde, presbyter, doctor theologus Facultatis parisiensis, domus et societatis sorbonicæ, ecclesiæ rothomagensis præcentor et canonicus, illustrissimi ac reverendissimi in Christo patris ac Domini D. Francisci archiepiscopi rothomagensis, Normanniæ primatis, in spiritualibus ac temporalibus vicarius generalis, dilecto nostro magistro Guillelmo Radou, presbytero rothomagensis diocesis, salutem in Domino. Capellam seu capellaniam sub invocatione seu ad altare sancti Adriani intra metas parochiæ de Belbeuf dictæ diocesis sitam et fundatam et deserviri solitam, cujus, dum vacat, nominatio et præsentatio ad Dominum temporalem loci de Belbeuf ratione sui fundi, terræ et dominii, nominationis autem et præsentationis receptio, collatio seu provisio, institutio et alia quævis dispositio ad illustrissimum ac reverendissimum Dominum D. archiepiscopum rothomagensem ratione suæ dignitatis archiepiscopalis ab antiquo respective spectare et pertinere dignoscuntur, prout spectant et pertinent, liberam ad præsens et vacantem per obitum quondam magistri Roberti le Riche, presbyteri dum viveret, ac illius capellaniæ capellani ultimi ac immediati possessoris pacifici, sibi præfato magistro Guillelmo Radou præsenti et acceptanti, tanquam sufficienti, capaci et idoneo reperto, catholico et orthodoxo ac nobis litteratorie præsentato, auctoritate Domini illustrissimi qua in hac parte fungimur, ad laudem et gloriam Dei contulimus ac donavimus, conferimusque ac donamus per præsentes onus ac servitium hujusmodi capellaniæ juxta illius fundationem tibi committentes. Quocirca decano rurali loci seu primo presbytero super hoc requirendo, salvo jure ipsius decani, tenore præsentium mandamus quatenus te seu procuratorem tuum pro te et nomine tuo in hujusmodi capellaniæ corporalem, realem et actualem possessionem (prout moris est) alter eorum ponat et inducat. Datum Rothomagi in palatio archiepiscopali, anno Domini millesimo sexcentesimo quadragesimo tertio, die vero quarta mensis decembris, præsentibus magistro Joanne le Prevost, ecclesiæ rothomagensis canonico, et Mathæo Patin cive rothomagensi, testibus ad hæc vocatis et specialiter rogatis.

GAULDE, vicarius generalis.
De mandato D. vicarii generalis.
MORANGE.

Ces présentes sujettes au controolle.

Au revers, on lit :

Anno ac mense retro scriptis, die vero quinta decembris, virtute litterarum in altera parte contentarum, ego Natalis Viel, presbiter habituatus in ecclesia parochiali Santæ Crucis Peripellionum rothomagensis, posui et induxi discretum virum magistrum Guillelmum Radou, presbiterum ejusdem dictæ parochiæ, in possessionem corporalem, realem ac actualem capellæ seu capellaniæ santi Adriani, jurium, fructuum et universorum pertinentium et hoc per liberum ingressum ad dictam capellam, fusionem precum coram imagine santi Adriani et altari illi devoto et dedicato, illius tactum et osculum et etiam librorum et ornamentorum sacerdotalium, nemine ad id sese opponente, præsentibus ibidem discretis viris magistro Ludovico Sanson, presbitero in ecclesia santorum Crispini et Crispiniani (1), magistro Nicolao Robilard clerico, Laurentio Rufi, Thoma Ouin, Joanne Liou et aliis.

L. SANSON, NICOLAUS ROBILLART, ARNULPHE TROYSMOULLINS, N. VIEL, LORENS RUFFY, THOMAS OUIN, JEAN DE LIOU.

(1) La paroisse de St.-Crespin-du-Becquet.

, La collation de l'autre part et prise de possession cy-dessus controollée à Rouen, le dix-septiesme jour de décembre seize cents quarante trois, au second registre, feuillet 115, nombre 1634 et 1635, présentée par M⁰. Guillaume Radou, presbtre, susnommé, lequel a signé au registre.

Driroux.

Anno Domini millesimo sexcentesimo quadragesimo quarto, die decima nona januarii, registratæ sunt et rescriptæ litteræ, lib. XV, fol. 132 insinuationum dict. per me custodem actuum reg. subsignatum.

Martel.

N°. 5.

De Monsieur maistre Jacques Godart, escuyer, conseiller du Roy en sa Cour de Parlement de Normandie, seigneur et patron de Nostre-Dame de Belbeuf, *de Sainct-Adrian-la-Roquette*, de Normare, de Cabot, Beaumont-le-Hareng, Louvetot, Beuzeville et hault-justicier de Bracquetuit-en-Caux : *je Guillaume Radou*, presbtre, vicaire de la paroisse de Saincte-Croix-des-Pelletiers de Rouen et prieur titulaire de la chapelle de Sainct-Adrian, assise en la paroisse de Belbeuf, la collation de laquelle appartient à mondict sieur, tiens du droict d'icelle chapelle et advoue atenir de mondict sieur, en son noble fief dudict lieu de Belbeuf : c'est assavoir le lieu et chapelle de Sainct-Adrian avec les maisons, jardin et terre labourable estant au-dessous d'icelle chapelle, le tout contenant deux acres environ ainsy qu'ils se comportent, assis en ladicte paroisse de Belbeuf, bournés d'un costé la roche dudict lieu de Sainct-Adrian et l'héritage et maison appartenant audict sieur Radou (1) et aussy la maison appartenant aux héritiers de maistre Guillaume Letellier, vivant presbtre, d'autre costé par le bas *le chemin de la Marchandise*, le long

---

(1) Cette maison existe encore aujourd'hui sur le bord de la grande route de Paris.

de la rivière de Sainc tendant de Rouen au port Sainct-Ouen, d'un bout vers le Becquet les représentans Michel La Griefve, et d'autre bout vers la ville de Rouen les héritiers ou représentans Jacques Duroulle : de laquelle chapelle, maison et terre labourable il est dû à mondict sieur par chacun an de rente seigneurialle, au jour sainct Michel, *quatre livres tournois.* Item une maison, fonds de terre, lieu et héritage, assise au-dessous de la chapelle de Sainct-Adrian, ainsy qu'elle s'estend et se comporte de long en large et de fonds en comble, nouvellement faicte bastir par ledict sieur Radou pour la demeure des prieurs dudict lieu (1) de Sainct-Adrian ou leur chapellain bournée d'un costé et des deux bouts l'héritage cy-devant et dont il est deu foy et hommage à mondict sieur. Item je tiens du fief du Becquet une pièce de terre en labour contenant trente perches ou environ, assises en la paroisse du Becquet, bournée d'un costé la terre de l'église du Becquet, d'autre costé les représentants Vincent Lamy, d'un bout les héritiers du sieur Racine et d'autre bout le chemin tendant de Gouy à Incarville, laquelle pièce de terre est franche de rente : réservés les droicts et devoirs seigneuriaux quand ils eschoient avec comparence aux pleds et gages-plèges, alors de la tenue d'iceux.

RADOU.

L'an de grâce mil six cent cinquante-deux, le....... jour de may en extra, devant nous Nicolas Hamel, sieur des Moulins, advocat en la Cour, séneschal desdictes seigneuries, est comparu ledict sieur Radou, lequel a baillé et présenté ledict aveu qu'il a juré véritable, qui a esté receu saouf à blasmer et sans préjudice du droict et propriété de Monsieur et ordonné qu'il sera communiqué au procureur et receveur de ladicte seigneurie, pourquoy assignation luy a esté faicte à comparoir aux prochains pleds, pour estre blasmé ou accepté ainsy qu'il appartiendra. Faict comme dessus.

YON.

(1) Cette maison, tombant en ruine, vient d'être démolie ; une nouvelle habitation s'élève à sa place.

N° 6.

Je soussigné, presbtre, chapellain titulaire de Sainct-Adrian, située dans l'estendue de la paroisse de Belbeuf, diocèse de Rouen, confesse avoir baillé à tiltre de louage tout le revenu de ladicte chappelle consistant en *offrandes*, *oblations*, terres avec leurs circonstances et despendances d'icelles, autant qu'en ont jouy mes prédécesseurs, pour le temps et espace de..... à commencer au jour et finir à semblable jour pour le prix et somme de..... par chaque année, payable en deux termes, le premier payement commençant au...... et l'autre en suivant et continuer de terme en terme jusqu'à l'expiration dudict bail, *le tout par advance* et lieu de caution et sera tenu ledict preneur de bien et duement desservir ladicte chapelle et y faire actuelle résidence comme il est requis, *pour y recevoir avec honneur et dévotion tels presbtres et pélerins*, leur donner édification et bon exemple, tenir la chapelle en bon ordre, *avec propreté d'ornements et serviettes de linge*, afin que le service y soit faict à la gloire de Dieu et édification du peuple, *faire aussy les prières et oraisons sur la rivière* avec décence et respect. ayant surplis et estolles, afin de n'encourir reproche d'indévotion, sera tenu et s'est subject ledict preneur de respondre des ornemens, linges et autres meubles à luy baillés par inventaire, à les représenter à la fin dudict bail et ne pourra s'approprier d'aucune chose de ce qui sera aumosné pour la décoration de ladicte chappelle, mais demeureront à icelle et seront mis dans l'inventaire, sans qu'il en puisse rien prétendre; et, en cas que ledict preneur soit deffaillant de payer de terme en terme, je le pourray dépossèder sans qu'il en puisse demander aucun desdomagement et intérêt, et demeurera le présent bail nul et ne pourra transporter ledict bail à aucun autre sans mon exprès consentement, et pour *le vin* du présent bail ledict preneur sera obligé de payer la somme de..... qui sera employée pour la décoration de ladicte chappelle, et à ce dessus entretenir ledict preneur oblige tous ses biens et héritages présens et advenir..... en tesmoing de quoy, nous avons signé le présent bail avec luy cessant, lesquelles clauses et conditions cy-dessus spéciffiées ont été acceptées. Ce présent bail a ainsy esté faict, lequel avons signé en présence de..... ce jourd'hui.... jour de. .. mil six cents cinquante.. ..

N°. 7.

Marc-Anthoine de Brévedent, conseiller du roy en ses conseils, lieutenant général au bailliage de Rouen et président du siége présidial dudict lieu, au premier huissier ou sergent royal sur ce requis, de la part de Monsieur maistre Jacques Godart, seigneur de Bellebeuf, et en cette qualité ayant droict de pourvoir au bénéfice du prieuré ou chapelle de St.-Adrian, nous a esté exposé et faict entendre que M. Radou, presbtre, par luy dernier pourveu dudict bénéfice, seroit décédé depuis quelque temps, les héritiers duquel *sont demeurans hors province*, à ce qu'il a apris, contre lesquels par conséquent il ne peut agir pour les réparations qui pourroient estre à faire aux édifices dudict prieuré ou chapelle et d'aultant dans icelle chapelle et maison, que occupoit ledict deffunct ou préposez, il y a quelques meubles ou ornemens d'église qui en dépendent qui pourroient estre divertis au préjudice tant dudict sieur exposant patron que desdicts héritiers, lesquels il est nécessaire de mettre en bonne et seure garde, après inventaire faict, pour en respondre quand et ainsy qu'il appartiendra, attendu mesme que ledict seigneur n'a encore pourveu et est dans le temps de pourvoir audict prieuré ou chapelle. A ces causes, il nous a requis nostre mandement et sur ce provision de justice au cas appartenant, que accordé luy avons : pourquoy nous vous mandons que à la requête dudict seigneur exposant vous ayez le contenu cy-dessus duemen exécuté, mesme si besoing est, faire ouverture par ung serrurier, présens les voisins en nombre suffisant, des huis e portes de ladicte chapelle, maisons et lieux fermez à la clef en deppendant, aux fins dudict inventaire. Donné à Rouen, le premier jour de febvrier mil six cents soixante et trois.

DE BRÉVEDENT. — LEMARIÉ.

N°. 8.

Franciscus miseratione divina archiepiscopus rothomagensis, Normaniæ Primas, dilecto nostro magistro Jacobo Drieulx, clerico nostræ rothomagensis diocesis, salutem et benedictionem. Capellam seu prioratum sub invocatione seu ad altare sancti Adriani intra metas parochiæ parochialis ecclesiæ de Belbeuf dictæ nostræ diocesis, decanatus de Piris, sitam seu situm, cujus quidem collatio seu provisio et omnimoda dispositio ad nos jure devoluto, ex eo quod dominus in temporalibus dicti loci de Belbeuf intra sex menses jure suo uti neglexit, ratione nostræ pontificalis seu archiepiscopalis dignitatis rothomagensis spectare et pertinere dignoscuntur, vacantem ad præsens per mortem seu obitum defuncti magistri Guillelmi Radou, presbyteri dum viveret, ac dictæ capellæ seu prioratus ultimi et immediati possessoris pacifici, tibi præfato magistro Joanni Jacobo Drieulx, licet absenti tanquam præsenti et acceptanti, sufficienti, capaci et idoneo, catholico et orthodoxo, ad laudem et gloriam Dei contulimus ac donavimus, conferimusque ac donamus per præsentes onus ac servitium hujusmodi capellæ seu prioratus juxta illius fundationem tibi committentes. Datum Rhedoni, in hospitio nostro, anno Domini millesimo sexcentesimo sexagesimo tertio, die vero ultima mensis junii, præsentibus ibidem venerabili viro magistro Joanne Duhamel, ecclesiæ nostræ archidiacono et canonico et magistro Dionisio David ecclesiæ rhedonensis canonico, testibus ad præmissa vocatis.

FR. ARCHIEPISCOPUS ROTHOMAGENSIS.
De mandato illustrissimi Domini Domini.
MORANGE.

On lit au verso :

Anno Domini millesimo sexcentesimo sexagesimo tertio,

tertia die in octava julii, ego Joannes Morisset presbiter baccalaureus theologus, rector ecclesiæ parochialis sancti Germani dAllizé, decanatus de Piris, notum facio omnibus quorum aut interest, aut interesse poterit meme in cappellam sancti Adriani, inter metas ecclesiæ parochialis vulgo dictæ de Belbeuf sitam, contulisse, ubi virtute litterarum retro scriptarum circa horam tertiam præsentis diei et mensis, magistrum Joannem Jacobum Drieux, clericum, præsentem et ita requirentem, posui et induxi in realem, actualem et corporalem possessionem omnium jurium, redituum et pertinentium universorum prædictæ cappellæ sive prioratus sancti Adriani, per liberum ingressum prædictæ cappellæ, tactum præcipui altaris, valvarum, pulsum campanæ cæterisque hac in re observatis et observari debitis, absque ulla oppositione, testibus plurimis præsentibus et præsertim discreto viro magistro Gnillelmo le Tonnellier, presbitero in ecclesia sancti Gildardi rothomagensis habituato, discreto Remigio Gaillard diacono e parrochia de la Myvoye, Thoma Ouyn e parrochia de Belbeuf, Guillelmo le Tellier e parrochia Bolvati (1), et pluribus aliis mecum subsignatis.

G. Tonnelier, R. Gaillard, J. Morisset, Bessin, Thomas Ouin, Mabert, G L. T. (Signatura prædicti Letellier).

N°. 9.

Carolus Mallet presbiter, domus ac societatis sorbonicæ doctor, ecclesiæ rothomagensis archidiaconus et canonicus, necnon illustrissimi et reverendissimi in Christo patris ac Domini D. Francisci Rouxel de Medavy, archiepiscopi rothomagensis, Normaniæ Primatis, in spiritualibus ac temporalibus vicarius generalis, dilecto nostro magistro Joanni Jacobo Drieux, clerico diocesis rothomagensis et in jure canonico doctori, salutem in Domino. Curiam seu parochialem ecclesiam beatæ Mariæ de Belbeuf, decanatus de

(1) La paroisse de Boos, aujourd'hui chef-lieu de canton.

Pyris dictæ diocesis, cujus, vacatione occurrente, nominatio et præsentatio ad dominum temporalem loci pro tempore existentem ratione sui dominii, nominationis autem seu præsentationis receptio, collatio seu provisio et institutio ad illustrissimum Dominum D. archiepiscopum præfatum ratione suæ dignitatis archiepiscopalis ab antiquo respective spectare et pertinere noscuntur, liberam nunc et vacantem per obitum magistri Nicolai Thierry, presbiteri, ac illius ultimi et immediati rectoris ac possessoris pacifici, tibi præfato magistro Joanni Jacobo Drieux, præsenti et acceptanti, tanquam sufficienti, capaci et idoneo, catholico et orthodoxo, nobisque litteratorie præsentato per D. Petrum Godart, equitem, dominum dicti loci de Belbeuf, et aliorum locorum, auctoritate domini illustrissimi Archiepiscopi, qua hac in parte fungimur, ad laudem et gloriam Dei contulimus ac donavimus, conferimusque ac donamus per præsentes, ita tamen ut per duos menses in seminario archiepiscopali rothomagensi disciplinæ ecclesiasticæ invigilare tenearis antequam munia pastoris in dicta ecclesia exerceas, idque sub pœna suspensionis ipso facto per te incurrenda. Quocirca decano rurali loci tenore præsentium mandamus quatenus te in et ad hujusmodi ecclesiæ realem et actualem possessionem (prout moris est) portet et inducat. Datum Rothomagi, in palatio archiepiscopali, anno Domini millesimo sexcentesimo septuagesimo quinto, die vero prima mensis junii, præsentibus ibidem Roberto Conseil, apparitore curiæ archiepiscopalis rothomagensis, et Joanne Lehue (?) in eadem curia practico, in parochia sancti Maclovii rothomagensis commorantibus, testibus ad præmissa accitis, in minuta præsentium nobiscum signatis.

    C. Mallet, vicarius generalis.
  De mandato Domini vicarii generalis,
      Grébauval.

Au revers, on lit :

Registratæ ex utraque parte in actis insinuationum ecclesiasticarum rothomagensis diocesis, anno Domini millesimo sexcentesimo septuagesimo quinto, die tertio mensis augusti, libro octavo, per me subsignatum actuarium.

De Launay.

Anno Domini millesimo sexcentesimo septuagesimo quinto, decima nona die junii, hora tertia pomeridiana, nos Joannes Morisset, presbiter, baccalaureus theologus, rector ecclesiæ parochialis Sancti Germani Dalisay in decanatu de Pyris testamur omnibus quorum interest aut interesse poterit magistrum Joannem Jacobum Drieux, clericum in altera parte denominatum, præsentem et ita requirentem, in realem, corporalem et actualem possessionem ecclesiæ parochialis beatæ Mariæ de Belbeuf, omnium ejusdem jurium, fructuum, emolumentorum cunctorumque pertinentium per liberum ecclesiæ ingressum, adorationem Crucis, precum fusionem, installationem in cathedram, pulsum campanarum, tactum fontium baptismalium, altarium atque valvarum, cunctis tandem hac in re observari solitis observatis diligenter absque ulla prorsus oppositione seu contradictione, multis ad hoc testibus advocatis, ex quibus nobiscum subsignaverunt Petrus Godart, eques, patronus prædictæ ecclesiæ, discretus ac venerabilis vir Ægidius Dufour, domus sorbonicæ baccalaureus necnon ecclesiæ cathedralis beatissimæ Virginis rothomagensis canonicus ac thesaurarius, discretus ac venerabilis vir Adrianus Amelin, baccalaureus theologus, rector ecclesiæ parochialis sancti Gildardi rothomagensis, Petrus Amelin, civis rothomagensis, discretus vir magister Joannes Cauchard, presbiter, vicarius ejusdem parrochiæ et plures alii.

Godart, P. Amblin, Dufour, Adrian Raoult, Jean Soury, Nicolas Lecerf, Deshaies, Cauchard et J. Morisset.

N°. 10.

Nous Jean-Jacques Drieux, prestre, docteur de la sacrée Faculté de Paris, prieur de Sainct-Adrian et curé de l'église paroissiale de Notre-Dame de Belbeuf, certifions que lorsque

Nicolas Roussel fut eslu par les habitans de ladite paroisse pour servir dans la milice, il estoit présent, demeurant actuellement et fesant le metier de rubannier, n'ayant espée ny aucune marque de soldat, même que ledit Roussel ne reclama pas contre l'élection qui se fesoit de sa personne et ne dit point qu'il estoit enrollé afin d'estre tiré de dessus la liste des autres garçons de ladite paroisse, ce que nous attestons véritable à Belbeuf ce vingt-quatrième de fevrier mil six cents quatre-vingt-neuf.
Drieux.

Jacques Sevestre, demeurant audit Belbeuf, a dit qu'il avoit entendu dire audit Nicolas Roussel le jour de l'élection que, si on le nommoit pour soldat, qu'il brusleroit toute la paroisse et qu'il tueroit un homme de la grande rue et que les diables l'emporteroient plutôt qu'il servît dans la milice.
Jacques Sevestre.

Nicolas Lecercle, demeurant audit Belbeuf, a dit que ledit Nicolas Roussel, le lendemain de son élection lui avoit dit que, quand il y auroit trois ou quatre bons garçons comme lui de nommés, qu'il scauroit bien les faire dégager aussi bien que lui.
La merc (la marque) + dudit Nicolas Lecercle.

Catherine Gaillard, demeurant en ladite paroisse, a dit que ledit Nicolas Roussel le jour de son élection, avoit dit publiquement que si l'on vouloit lui donner une bonne somme d'argent qu'il serviroit dans la milice pour ladite paroisse.
La merc + de ladite Catherine Gaillard.

Jérôme Duquesné le père, demeurant audit Belbeuf, a dit que la mère dudit Nicolas Roussel lui avoit dit, depuis cinq à six à sept jours, que son fils n'iroit à la guerre ni pour la paroisse ni pour d'autres et qu'elle en estoit testatrice.
Hierosme Duquesné.

Robert Hardy, demeurant audit Belbeuf, a dit que ledit Nicolas Roussel lui avoit dit qu'il couperoit bras et jambes au trésorier et qu'il tueroit tous ceux qui l'ont nommé et qu'il n'iroit jamais pour la milice.

Robert Hardy.

Denis Rault et Jean Lecercle son manœuvre ont dit que travaillant ils avoient oui dire audit Nicolas Roussel qu'il tueroit entre cy et dimanche un homme de la grande rue et qu'il aimeroit mieux estre pendu au plus haut orme de la paroisse que d'aller à la guerre.

Denis Rault, Jean Lecercle.

Jeanne Beslé, femme de Marin St.-Marin, a dit avoir entendu dire à la mère dudit Nicolas Roussel depuis six à sept jours que son fils n'iroit à la guerre ni pour la paroisse ni pour d'autres.

La merc + de ladite Jeanne Beslé.

Jean Lecarpentier, demeurant en ladite paroisse, dit que servant de manœuvre à Robert Hardy il entendit ledit Nicolas Roussel faire plusieurs blasphesmes, et qu'il couperoit bras et jambes au trésorier et qu'il tueroit tous ceux qui l'ont nommé et qu'il n'iroit jamais pour la milice.

Jean Carpentier.

Nous, curé de ladite paroisse de Belbeuf, certifions les dépositions cy-dessus estre véritables. Fait audit Belbeuf, ce vingt cinquiesme février mil six cents quatrevingt neuf.

Drieux.

Veu les attestations cy dessus des menaces et violences du nommé Nicolas Roussel, eslu pour soldat de milice en la paroisse de Belbeuf, nous ordonnons qu'il sera mis en prison pour estre chastié suivant la rigueur des ordonnances, ordonnons au sieur de Civille d'y tenir la main et à tous prévost, huissiers, sergents, assesseurs ou autres sur ce requis de luy prester main forte, en cas de besoin. Fait à Rouen le 26 febvrier 1689.

Beuvron.

Par Monseigneur,

Carrac.

N°. 11.

Monseigneur,

Monseigneur l'illustrissime et révérendissime archevesque de Rouen, Primat de Normandie,

Ou à Messieurs ses grands-vicaires ou l'un d'eux :

Nous, Pierre Godart, chevalier, seigneur et patron des paroisses de Belbeuf, Amfreville Lamivoye et autres, salut, honneur ou révérence duë.

Comme ainsy soit que la chapelle et prieuré de Saint Adrien, paroisse dudit Belbeuf, doyenné de Périers, en votre diocèze, soit à présent vacant par le décès de maître Jean-Jacques Drieux, prestre, curé de ladite paroisse, vivant dernier paisible possesseur de ladite chapelle, et que le droit d'y nommer et présenter Nous apartient, à cause de notre terre et seigneurie de Belbeuf, et à Vous, Monseigneur, l'institution, collation et toutes autres provisions à cause de votre dignité archiépiscopalle. Nous Vous nommons et présentons la personne de Louïs Waubert, clerc de votre diocèze, capable et idoine, Vous supliant, Monseigneur, de luy accorder vos lettres de collation et provision aux fins de la prise de possession, en foy de quoy Nous avons signé ces présentes de notre seing et à icelles fait aposer le cachet de nos armes. Fait ce septième jour d'avril mil sept cent trois.

DE BELBEUF.

N°. 12.

Paris ce 13 décembre 1742.

Je vous envoie cy-jointe, Monsieur, la démission de mon fils l'abbé de la chapelle et prieuré de Saint-Adrien, écritte de sa main, en datte du jour d'hier, qui vous met en estat d'en disposer en faveur de qui vous jugerez à propos, croiant laditte démission suffisante pour cela. Si cependant il y manquoit quelque chose, ce que je ne crois pas, vous n'auriez qu'à me le faire sçavoir, j'y ferois suppléer sur-le-champ.

Monsieur Groustel est un très-honneste homme, un très-bon prestre, que je vous ay déjà recommandé plusieurs fois et que je vous recommande encore aujourd'hui. Si vous le jugiez digne de remplir ce petit bénéfice, je vous en serois très-sensiblement obligé et vous pouvez compter qu'il s'en acquittera avec tout le zèle, l'exactitude et l'attention possible. Il pourra mesme vous servir à vous dire une basse messe dans vostre esglise dans tous les temps où il ne seroit point occupé dans ladite chapelle.

J'ay esté très-incommodé depuis mon retour de Rouen, j'ay eu une grosse fièvre et une fluxion de poitrine, dont je suis délivré Dieu mercy.

Je salue Monsieur vostre frère et suis très-parfaitement, Monsieur, vostre très-humble et très-obéissant serviteur.

WAUBERT.

Quoique je charge Monsieur Groustel de ce paquet, je ne luy mande point du tout de quoy il s'agit.

Je soussigné Louis Waubert, titulaire de la chapelle et prieuré de St.-Adrien, paroisse de Belbeuf, doienné de Périer, diocèse de Rouen, à la nomination et présentation de messire Pierre Godart, chevalier, seigneur et patron des paroisses de Belbeuf, Amfreville-la-Mivoye et autres, remet à mondit sieur de Belbeuf ladite chapelle et prieuré de St.-Adrien, dont je suis pourvu, pour par mondit sieur de Belbeuf nommer et présenter à ladite chapelle et prieuré de St.-Adrien telle personne qu'il jugera à propos, luy en faisant à cet effet toute remise et démission, et promets d'en passer toutefois et quand tous autres actes et expéditions nécessaires, si besoin est. Fait à Paris ce douzième jour de décembre mil sept cent douze.

WAUBERT.

Par devant les conseillers notaires du roy et apostoliques au dioceze et vicomté de Rouen, fut présent Messire Pierre Godart, chevalier, seigneur patron hault justicier de Belbeuf, Bracthuit et autres lieux, demeurant en sa terre de Belbeuf, et en sadite qualité de seigneur de Belbeuf patron de la chapelle de Saint-Adrien, lequel à cause de la vacation arrivée de ladite chapelle par la démission que luy en a fait le sieur Louis Waubert, dernier et paisible possesseur de ladite chapelle de Saint-Adrien, doyenné de Périers, dioceze de Rouen, par acte passé par devant les conseillers du roy notaires à Paris, le neuvième jour de janvier dernier, et que le droit d'y nommer et présenter apartient audit seigneur de Belbeuf, à cause de sadite seigneurie de Belbeuf, a par ces présentes nommé et présenté à ladite chapelle de Saint-Adrien Maitre Jean-Baptiste Grutel, prestre de ce dioceze, habitué en la paroisse de Saint-Maclou, suppliant Monseigneur l'illustrissime et révérendissime archevesque de Roüen, primat de Normandie, pair de France, de luy en faire expédier et délivrer toutes lettres d'institution canonique, provision et autres à ce nécessaires, aux fins de la prise de possession et jouissance paisible dudit bénéfice et chapelle de Saint-Adrien, fruits, profits y attribuez, promettant etc.... obligeant etc.... Fait et passé audit lieu de Belbeuf, l'an mil sept cent traize, le dixième jour de juin, avant midy, présence de Josse de la Haye et Pierre Morin témoins, demeurant audit Rouen, qui ont après lecture faite signé avec lesdites parties la minute des présentes, demeurée à Michel Lecoq, l'un d'iceux, controllée audit Rouen, le traize desdits mois et an par Drely, qui a receu cent dix sols.

Huimon, Lecoq.

N°. 13.

Par devant les notaires du Roy et apostoliques, au diocèse et vicomté de Rouen, fut présent messire Pierre Godart, chevalier, marquis et patron de Belbeuf, seigneur hault justicier de Bracthuit et autres lieux, demeurant audit lieu de Belbeuf, lequel à cause de la vacation arrivée de la chapelle de Saint-Adrien par la mort arrivée dans le présent mois de janvier de maître Jean-Baptiste Grutel, presbtre, dernier paisible titulaire dudit bénéfice-chapelle, et que le droit d'y nommer apartient audit seigneur marquis de Belleuf, à cause de sondit marquisat de Belbeuf, a par ces présentes nommé audit bénéfice-chapelle de Saint-Adrien, doyenné de Périers, de ce diocèse, maître Jean Ivon, prestre, curé de la paroisse de Sainte Croix des Pelletiers de cette ville et diocèse, supliant Monseigneur l'archevesque de Rouen et Messieurs ses grands-vicaires de lui en accorder et faire expédier et délivrer toutes lettres d'institution canonique provisions et autres à ce nécessaires aux fins de la prise de possession et jouissance paisible dudit bénéfice-chapelle de Saint-Adrien, fruits, profits y attribuez, promettant, etc... obligeant, etc..... Fait et passé audit lieu de Belbeuf, l'an mil sept cent vingt, le dix-huitième jour de janvier, après midy, présence des sieurs Guillaume Letellier et Pierre Dupuis, demeurans audit Rouen, qui ont, avec ledit seigneur marquis de Belbeuf et notaires, signé après lecture faite la minute des présentes, demeurée à Michel Lecoq, l'un desdits notaires, controllée audit Rouen, le dix-neuvième jour desdits mois et an par Drely, qui a reçu six livres. Averty de l'insinuation.

COIGNARD et LECOQ.

Plus bas est écrit : Registré au greffe et au controlle des insinuations ecclésiastiques du diocèse de Rouen, ce dix-neufvième jour de janvier mil sept cents vingt, par moy commis audit greffe soussigné pour le décès du greffier. Receu quinze sols.

LE NAUGUAIS.

N°. 14.

Par devant les conseillers du Roy, notaires royaux et apostoliques en la ville et diocèse de Rouen soussignés, fut présent messire Jean-Pierre-Prosper Godart de Belbeuf, chevalier, marquis de Belbeuf, seigneur de Bracquetuit-en-Caux et autres terres et seigneuries, conseiller du Roy en ses conseils, avocat-général et procureur-général en survivance au Parlement de Normandie, demeurant en son hôtel à Rouen place de St.-Ouen, paroisse de Ste.-Croix, lequel ayant droit de nommer et présenter au bénéfice, prieuré et chapelle de *Saint-Adrien-la-Roquette*, bâtie et édifiée au hameau de Saint-Adrien, paroisse de Belbeuf, diocèze de Rouen, doyenné de Périers : et estant informé de la vacance dudit bénéfice, prieuré et chapelle de Saint-Adrien, et des bonnes vie et mœurs de discrette personne maistre Pierre-Jacques Thorel, prestre du diocèze de Rouen, licencié ès-loix de la Faculté de Paris, a ledit seigneur marquis de Belbeuf par ces présentes nommé et présenté ledit sieur Thorel audit bénéfice, prieuré et chapelle de Saint-Adrien, circonstances et dépendances, priant Son Éminence le cardinal de Saulx-Tavannes, archevesque de Rouen, primat de Normandie, pair de France, grand-aumônier de la Reine, commandeur de l'ordre du Saint-Esprit, ou Messieurs ses vicaires-généraux, de vouloir bien en accorder touttes lettres ou provisions et visa en faveur dudit sieur abbé Thorel, promettant, etc.... obligeant, etc.... En témoin de ce a été mis à ces présentes le scel apostolique de la ville et diocèze de Rouen. Fait et passé au château de Belbeuf, l'an mil sept cents cinquante-six, le sept de décembre, après midy, et a ledit seigneur marquis de Belbeuf signé, après lecture faite. La minute des présentes demeurée à maistre Lefebvre, un des notaires soussignez, controllée à Rouen, le onze desdits mois et an, par le sieur Roucher, qui a reçu six livres. Averty de faire insérer le présent dans le mois aux insinuations ecclésiastiques de la ville et diocèze de Rouen.

BELLIARD ; LEFEBVRE.

Plus bas est écrit : Enregistré au greffe et controlle des insinuations ecclésiastiques du diocèze de Rouen, le dix-sept septembre mil sept cents cinquante-six, par moy greffier soussigné.

LEVITECOQ.

Extrait du registre des actes de l'état civil de la paroisse de Belbeuf.

Ce jourd'hui samedi seize d'aoust 1788, le corps de messire Pierre-Jacques Thorel, prestre, licencié de la Faculté de Paris et vicaire général du diocèse d'Avranches (1), prieur commendataire de Saint-Martin-sous-Bellencombre et de Saint-Adrien, âgé de 72 ans, décédé d'hier muni des Sacrements de l'Eglise, a été inhumé, dans le cimetière de cette paroisse, par discrète personne maître Charles Heurtault, curé de la paroisse de Crevon, et témoin synodal, doyenné de Ry, en notre présence et de Messieurs les curés du Mesnil-Esnard, Saint-Léger du Bourgdenis, du Becquet, soussignés et autres.

> HEURTAUT, curé de Crevon; MOUCHET, prestre, curé de Bourgdenis; BOUTIGNY, curé du Mesnil-Esnard; MIGNOT, prêtre, chapelain de l'église de Rouen; Jean-Baptiste-Antoine VIARD; DELAHAYE, curé de Belbeuf; LE BERCHEUX, curé du Becquet.

(1) Pierre-Augustin Godart de Belbeuf, mort en 1808, en Angleterre, était alors évêque d'Avranches.

Caen, typ. de A. HARDEL.

www.ingramcontent.com/pod-product-compliance
Lightning Source LLC
LaVergne TN
LVHW020041090426
835510LV00039B/1362